매일 나를 채우는 연습

김윤나의
마음 그릇

매일 나를 채우는 연습

김윤나의 마음 그릇

1판 1쇄 인쇄 | 2025. 11. 7.
1판 1쇄 발행 | 2025. 12. 2.

김윤나 지음 | 차상미 그림

발행처 김영사 | **발행인** 박강휘
편집 손영민 | **디자인** 김민혜 | **마케팅** 이철주 양슬기 이종호 | **홍보** 조은우
등록번호 제 406-2003-036호 | **등록일자** 1979. 5. 17. | **주소** 경기도 파주시 문발로 197(우10881)
전화 마케팅부 031-955-3100 | 편집부 031-955-3222 | 팩스 031-955-3111

© 2025 김윤나, 차상미

이 책의 저작권은 저자에게 있습니다. 저자와 출판사의 허락 없이 내용의 일부를 인용하거나 발췌하는 것을 금합니다.

값은 표지에 있습니다.
ISBN 979-11-7332-417-8 00190

좋은 독자가 좋은 책을 만듭니다. 김영사는 독자 여러분의 의견에 항상 귀 기울이고 있습니다.
전자우편 book@gimmyoung.com | 홈페이지 www.gimmyoung.com

김윤나 지음

말과 마음의 연결과 회복을 삶의 프로젝트로 삼고 있는, 말마음 연구소(Communication & Mind Lab)의 소장. 한양대학교 교육대학원(인재개발 전공)을 마치고 광운대학교 산업심리학과 박사과정(코칭심리 전공)을 수료했다. 2010년부터 현재까지 다양한 기업과 매체에서 '마음을 돌아보고 말을 변화시키는 것'에 관한 강연을 해 오고 있으며, 말마음 연구소를 통한 보다 깊이 있는 일대일 코칭 과정도 진행하고 있다. 상담과 강연에서 쌓았던 코칭 경험을 〈말 그릇〉 시리즈에 녹여 내 큰 반향을 일으켰다. 지은 책으로는 《말 그릇》《말의 시나리오》《서른이 지나도 아직 나를 모른다》《내 말은 왜 오해를 부를까》 등이 있다.

차상미 그림

시각디자인을 전공하였고 현재 일러스트레이터로 활동하며 책과 영상 등 다양한 매체에 그림을 그리고 있다. 일상의 모습과 감정에서 영감을 주로 얻으며 잔잔하고 부드러운 그림을 그린다. 그린 책으로는 《어떻게 말해줘야 할까》《꽝 없는 뽑기 기계》《연두와 푸름이의 기묘한 여름 캠프》 등이 있다.

새해 종이 울릴 때 빌고 싶은 소원이 있다면?

토닥토닥. 한 해 동안 정말 고생 많았어요.
내년에도 당신이 원하고 바라는 곳에
가까워지기를 응원합니다.
그런 의미에서 새해 종이 울릴 때
빌고 싶은 소원을 미리 생각해 두면 어때요?
내 마음속에 오롯이 떠오르는
진심 어린 기원 한 가지를 떠올려 보세요.

작가의 말

사람은 주체적이고 자율적인 존재가 되기를 원합니다. 자유롭게 나다운 삶을 만들어 가기를 바라죠. 그러나 바람과는 다르게 우리는 여전히 타인의 시선을 의식하고 의무와 비교에 묶여 하루를 보냅니다. 어떻게 해야, 삶의 중심에 나를 다시 세울 수 있을까요?

나 자신으로 살아가는 감각을 되찾기 위해서 무엇부터 시작하면 좋을까요?

의외로 방법은 간단해요. 나와 더 많은 대화를 나누어야 합니다. 내가 어떻게 느끼고 생각하는지, 무엇을 원하는지, 또 하고 싶은지를 꾸준히 묻고 답해야 해요. 내 목소리를 더 또렷이 들을 수 있게요.

나와 어떻게 대화해야 할까요?

꾸준히 나에게 말을 걸려면 질문이라는 도구가 필요합니다. 어떤 질문을 하느냐에 따라 전혀 다른 답을 얻게 되죠. 이럴 때는 나의 내면을 살피는 '성찰적 질문'이 도움이 됩니다.

Week 52 금

생활 환경에서 바꾸고 싶은 것은?

환경의 변화는 새로운 자극을 줍니다.
지금 내가 머물고 있는 주변에서 빼거나,
더하거나, 바꾸면 좋을 것이 있다면
무엇일까요? 텔레비전 없애기, 가습기 설치하기,
가구 위치 바꾸기, 스트레칭 존 만들기처럼
올해가 가기 전에 할 수 있는 일을
찾아 보세요.

여기 당신을 위해 질문을 넉넉하게 준비했어요. 제가 지난 15년 동안 강의와 코칭에서 만난 수많은 사람들이 자신의 삶에서 중요하다고 알려 준 주제에 관한 질문이죠. 이 질문들과 함께 나 자신과 마주하는 시간을 가져 보세요. 온종일 외부 자극에 쏟던 관심을 나에게 돌리면 마음이 차분해집니다.

내가 원하는 것을 알 수 있게 될까요?

자기 대화가 많아지면 나를 더 깊이 알게 됩니다. 복잡하고 양면적인 나를 알아 갈수록 이해의 폭이 넓어지며, 자기 신뢰와 확신이 생깁니다. 비로소 자신의 마음에 주목하고 삶의 중심을 다시 잡는 방법을 익히는 것입니다. 이 책을 통해 당신이 그 과정을 경험할 수 있기를 바랍니다. 하루가 흔들릴 때 방황하지 말고, 자기만의 고요한 시간을 어떻게 묵묵히 보내야 할지 알게 되기를요.

단번에 만족스러운 답이 떠오르지 않는다고 실망하지 마세요. 마음은 꾸준히 질문하고 기다려 주고, 어떤 답을 하든 격려해 주기를 기대합니다. 분명 조금씩 더 깊은 이야기, 진짜 하고 싶었던 말을 들려줄 거예요. 아무쪼록 당신의 하루가 다시 나로 채워지면 좋겠습니다.

자, 오늘은 어떤 질문으로 시작해 볼까요?

김윤나

Week 52 목

만약 내게 하루의 포상 휴가를 준다면?

드라마나 영화가 잘 끝나면 배우들이 포상 휴가를 즐기더라고요.
'나'라는 영화의 주인공으로서 한 해를 잘 마무리한
스스로에게 포상 휴가를 준다면 무엇을 하고 싶은가요?
오로지 나만을 위한 시간을 가질 수 있다면
어떻게 보내고 싶은지 구체적으로 계획해 보세요.

{ 이 책의 사용법 }

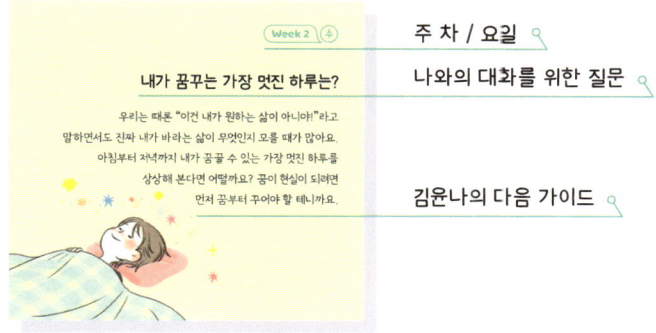

주 차 / 요일
나와의 대화를 위한 질문
김윤나의 다음 가이드

- 1년 52주, 월요일부터 금요일까지 쓸 수 있어요.
- 한 해 동안 나의 여러 면을 두루 살필 수 있도록 다양한 주제로 질문을 준비했어요.
- 시기와 계절에 맞게 질문을 배치했어요. 순서대로 답해도 좋고, 오늘의 기분에 따라 마음에 와닿는 질문부터 시작해도 좋아요.
- 마음 가이드를 따라 질문에 답해 보세요.

Week 52 (수)

이미 내가 이룬 목표는?

만족할 만한 목표란 없을지도 모릅니다.
목표에는 더 높은 곳을 지향하는 속성이 있으니까요.
오늘만큼은 이미 이룬 것들에 대해 생각해 보세요.
다시 달리기 전에 내가 얻은 메달들을 바라보며
그동안 어떤 목표와 도전들을 달성했는지
생각해 보는 시간을 갖는 것은 어떨까요?

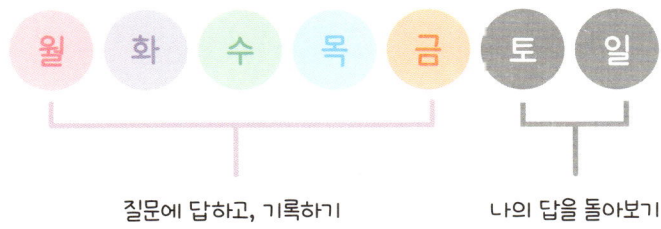

- 하루 한 번, 나와의 대화를 위한 시간을 내주세요.
- 하루를 시작하며, 또는 마무리하며 오늘의 생각을 기록으로 남기세요.
- 질문을 틈틈이 떠올리며 나에 대해 생각하는 시간을 늘릴 수도 있습니다.
- 주말에는 한 주를 마무리하며 나의 답을 살펴보세요
- 오늘 아쉬운 점이 있어도 괜찮아요.
  내일 나를 위한 새로운 질문이 기다리고 있답니다.

Week 52 화

가장 쓸데없었던 고민은?

올 한 해도 다양한 역할을 해내면서
얼마나 많은 고민과 걱정들이 있었겠어요.
돌아봤을 때 가장 쓸데없었던 고민,
조금도 도움이 되지 않았던 걱정은 무엇이었나요?
비슷한 상황이 다시 온다면 그때는
어떻게 다르게 마음먹으면 좋을까요?

 Week 1 월

올 한 해, 나만의 작은 프로젝트를 시작해 본다면?

나다운 삶을 산다는 것은 나만의 작은 핵심 프로젝트를
만들어 실행해 간다는 것을 뜻해요.
올 한 해 동안 조금씩, 꾸준히 실천할 수 있는
핵심 프로젝트 한 가지를 정한다면 무엇으로 하고 싶나요?
프로젝트 이름은 무엇이 좋을까요?
올해의 마지막에 내가 얻고 싶은 것에 대해 정리해 보세요.

Week 52 월

앞으로의 나에게 가장 기대되는 것 한 가지는?

나에게는 아직 많은 가능성이 남아 있어요.
스스로 기대를 멈추지만 않는다면요.
앞으로의 나에게 가장 기대되는 것이 있다면
무엇인가요?
다정하고 분명한 목소리로 들려주세요.
"나는 미래의 네가 _____ 하리라 기대해."
라고요.

Week 1 | 화

내가 당장 버리고 싶은 한 가지는?

삶에서 중요한 것을 선택하려면
그만큼 잘 버리는 능력도 필요합니다.
물건이든 생각이든, 내가 당장이라도
버리고 싶은 것이 있다면 무엇인가요?
왜 아직 정리하지 못하고 있었을까요?
만약 그것을 정리하고 나면 일상이
어떻게 달라질지 생각해 보세요.

올해가 가기 전에 같이 밥 먹고 싶은 사람은?

"밥 한번 먹자."라고 말해 놓고 결국 한 번도 만나지 못한 사람이 있을 거예요. 시간을 내어 함께 맛있는 것을 먹는다는 것은 '보고 싶었다.' '네가 있어 좋다.'의 다른 표현이지요. 올해가 가기 전에 같이 밥 먹고 싶은 사람을 떠올려 보세요. 더 늦기 전에 지금 연락해서 약속을 잡아 보면 어때요?

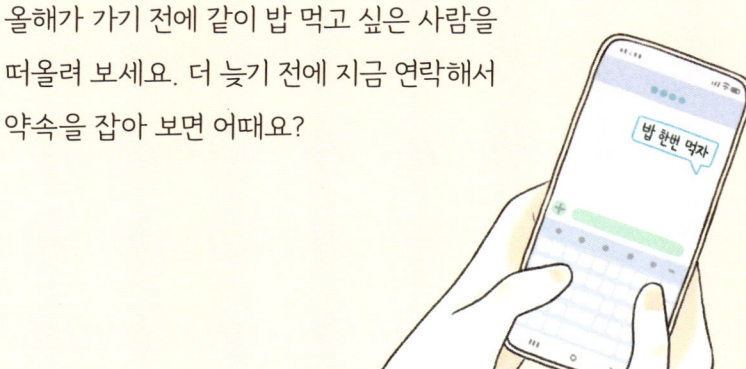

Week 1 수

지금 이 순간, 내 감정을 표현한다면?

'난 지금 행복한가?'라는 질문보다는
'지금 내 기분은 어떻지?'라는 질문이 훨씬 더 도움이 됩니다.
언제나 행복할 순 없어요. 그럴 필요도 없고요.
그저 내 감정이 어떤지 관심을 가지고 물어봐 주세요.
감정은 다양하고 복잡하게 찾아오니까
보물찾기하듯 찾아 보는 거여요.

Week 51 목

이전보다 더
이해하게 된 사람이 있다면?

시간이 지나고 내가 깊어지면서 어떤 사람을 더 이해하게 되는
경우가 있어요. 이전에는 보이지 않았던 것이 보이고, 느껴지면,
그 사람은 내게 다르게 다가오죠.
나에게 그런 사람은 누구인가요?
새로운 시야를 가지게 된 계기가 무엇이었나요?
앞으로 관계에 어떤 변화가 있을지 생각해 보세요.

Week 1 목

내가 관계에서 중요하게 생각하는 것은?

저마다 관계에서 중요하게 생각하는 것이 달라요.
재미를 추구하는 사람, 약속을 중시하는 사람, 같은 취미를
선호하는 사람처럼요. 나는 어떤가요?
관계에서 가장 눈여겨보는 것이 무엇인가요?
특히 어떤 유형의 사람을 힘들어하는지도 생각해 보세요.

새롭게 발견한 취향이 있다면?

나와 잘 지내는 방법 중 하나는 내 취향과
선호를 하나씩 알아 가는 재미를 느껴 보는 겁니다.
올 한 해 동안 내가 새롭게 흥미를 가진 대상은 무엇이었나요?
그것은 내게 어떤 경험을 가져다주었나요?
또 앞으로 무엇을 더 시도해 보고 싶은지 생각해 보세요.

Week 1 (금)

가족 내에서 나의 역할은?

여느 집단처럼 가족 안에서도 각자의 역할이 존재합니다.
누가 정해 주지 않아도 자연스럽게 만들어지죠.
나는 가족 내에서 어떤 역할을 해 왔나요?
해결사, 중재자, 귀염둥이 등등 내게 어울리는
이름을 찾아 보세요. 그것은 현재 관계에
어떤 영향을 주고 있을까요?

올해 내 삶의 하이라이트는?

스포츠 경기에서 보여 주는 하이라이트 영상을 본 적이 있나요?
긴장되고 흥미진진했던 장면들을 엮어 보여 주잖아요.
올해 내 삶의 하이라이트 영상이 있다면 어떤 사건이
등장할까요? 그것에 제목을 붙여 본다면 뭐가 좋을까요?

Week 2 월

오늘 스스로에게 한 질문은?

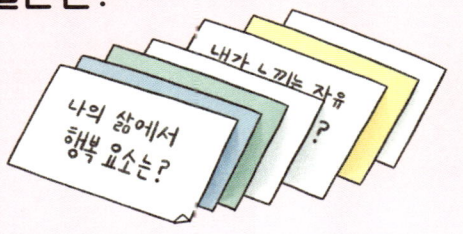

질문은 방향을 만듭니다. 누군가 던진 질문에만 답한다면
타인이 원하는 곳으로 이끌려 갈 수밖에 없어요.
나답게 성장하려면 나를 위한 질문을 스스로 던질 수 있어야 해요.
오늘 나에게 가장 필요한 질문 한 가지는 무엇인가요?
그 질문이 내게 필요한 이유를 생각해 보세요.

Week 51 월

올해 내게 일어난 의미 있는 변화는?

사람은 변합니다. 새로운 사람을 만나거나 경험을 쌓으면서
시각이 달라지고 이전과 다른 마음을 먹게 되지요.
주변 사람들은 나의 내면에서 일어나는
미세한 차이를 알아차리지 못할 수 있습니다.
올해 내게 일어난 변화 중에 손꼽을 만한 것은 무엇인가요?
그것은 어떤 의미를 갖는지 생각해 보세요.

Week 2 화

오늘 나는 누구에게 도움이 되었나?

사람들은 자신이 하는 어떤 일이
쓸모 있다고 느낄 때, 누군가에게 도움이
되었을 때 스스로를 더 괜찮게 느낍니다.
오늘 나는 누구에게 작은 도움을 주었을까요?
모든 관계는 연결되어 있고, 내가 건넨 도움이
결국 나에게로 이어지게 된다는 것을 기억하세요.

내가 모른 척하고 있는 통증이 있다면?

'요즘 아무 데도 안 아픈 사람이 어딨어요.'라는 말은
나의 통증을 모른 척하고 있다는 말일지 몰라요.
몸의 통증을 소홀히 여기면,
고질병으로 이어질 수 있어요.
내가 모른 척하고 싶었던 통증의
소리에 귀 기울여 보세요.
당장 무엇을 들을 수 있을까요?

Week 2 (수)

내가 꿈꾸는 가장 멋진 하루는?

우리는 때론 "이건 내가 원하는 삶이 아니야!"라고
말하면서도 진짜 내가 바라는 삶이 무엇인지 모를 때가 많아요.
아침부터 저녁까지 내가 꿈꿀 수 있는 가장 멋진 하루를
상상해 본다면 어떨까요? 꿈이 현실이 되려면
먼저 꿈부터 꾸어야 할 테니까요.

나에게 소홀했던 것은?

무릎이 휘청거릴 만큼 힘든 순간은 오히려 나를 돌보는
질문이 되어 줍니다. 그동안 바쁘게 앞만 보느라
나 자신에게 소홀했던 적이 있었나요?
내게 꽤 중요한데도 오랫동안
마음 쓰지 못하고 방치했던 것들을
생각해 보세요.

나만의 휴식 방법은?

나를 잘 챙기는 방법은 일단 스스로를 잘 쉬게 하는 거예요.
평소에 어떻게 휴식을 취하나요? 휴식을 방해하는
것들은 무엇이 있나요? 온전하게 쉬는 방법을 모른다면,
우선 아무것도 하지 않는 시간을 만들어 보세요.

똑같은 1년이 반복된다면?

영화 〈사랑의 블랙홀〉에서는 주인공의 하루가 반복되면서
이야기가 시작되죠. 만약 나의 1년이 다시 반복된다면 어떨지
상상해 보세요. 무엇을 다르게 살아 보고 싶은가요?
어떻게 하면 더 여유 있는 두 번째 삶을 살 수 있을까요?

Week 2 (금)

내가 선호하는 운동은?

운동은 몸과 직접적으로 만나는 건강한 방법입니다.
내 몸에 가장 잘 맞는 운동은 무엇이었나요?
평생 즐겨 할 수 있는 운동 한 가지를 고른다면
무엇을 하고 싶은지 생각해 보세요.

Week 50 화

제대로 돌아가고 있는 일은?

우리의 뇌는 잘 안되는 것에 예민하게 반응합니다.
그러나 삶에는 고맙게도 별 탈 없이 잘 흘러가는 것들도
있기 마련입니다. 그런 것들을 당연하게 생각하지 말고
나에게 찾아온 행운에 감사함을 느껴 보세요.
또한 일상을 꾸려 나가기 위해 열심인 나 자신을 인정해 주세요.

Week 3 월

사람들이 나에게 기대하는 모습은?

사람들이 내게 요구하는 모습이 있습니다.
착하고 말 잘 듣는 자녀, 의리 있는 친구와 같은
이미지요. 이를 '의무 자기'라고 부릅니다.
그들이 나에게 바라는 모습이 무엇인지
생각해 보세요. 나는 그 기대에
어떻게 대응하고 싶은가요?

실패와 나를
동일시하지 않으려면?

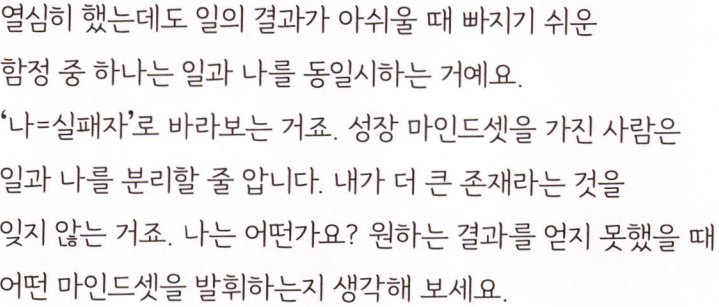

열심히 했는데도 일의 결과가 아쉬울 때 빠지기 쉬운
함정 중 하나는 일과 나를 동일시하는 거예요.
'나=실패자'로 바라보는 거죠. 성장 마인드셋을 가진 사람은
일과 나를 분리할 줄 압니다. 내가 더 큰 존재라는 것을
잊지 않는 거죠. 나는 어떤가요? 원하는 결과를 얻지 못했을 때
어떤 마인드셋을 발휘하는지 생각해 보세요.

Week 3 화

올해 내게 가장 중요한 단어 세 가지는?

올해 내게 가장 중요한 단어 세 가지를 선택해 보세요.
그것을 고른 이유를 각각 생각해 봅니다. 그중 자주 등장하는
단어가 있는지, 새롭게 등장한 키워드는 무엇인지도 살펴보고요.
세 단어가 공통적으로 올해 내 삶에 대해 알려 주고
싶어 하는 것이 있다면 무엇일까요?

Week 49 (금)

용서하고 싶은 사람은?

믿었던 사람에게 받은 상처는 오래 남습니다.
그것을 치유하는 가장 빠른 방법은 괜찮은 척 사는 것이 아니에요.
상처를 돌보고 사람을 용서함으로써 떠나보내는 것이지요.
나에게도 그런 사람이 있나요? 그 상처로부터 자유로워진다면
어떤 마음일지 생각해 보세요.

하루 중 가장 고요한 시간은?

지루하고 고요한 시간은 우리를 정돈시키고 새로운 에너지를 만들어 냅니다. 핸드폰과 같은 외부 자극에 방해받지 않고, 그저 나 자신과 만날 수 있는 시간은 언제인가요?
하루 15분, 나만의 고요한 시간을 마련할 방법을 찾아보길 권합니다.

내가 가깝게 지내는 사람들의 공통점은?

나와 친한 사람들, 언제 다시 만나도 반갑고 편한 사람들을
떠올려 보세요. 그들에게 공통된 특징이 있을까요?
나와 어떤 점에서 닮아 있는지, 혹은 어떤 점이 확연히 다른지
생각해 보세요. 내가 이 만남을 지속하는 이유는 무엇일까요?

Week 3 목

내가 지금까지 기억하는 누군가의 말은?

어떤 말은 한 사람의 인생에 깊은 흔적을 남깁니다.
꽤 오랜 시간이 지났는데도 내게 남아 있는 누군가의
말이 있다면 무엇인지 생각해 보세요. 그 말이 사라지지 않고
마음에 오래도록 살아 있는 이유는 무엇일까요?
그 말을 했던 사람은 내게 어떤 존재였나요?

내가 유보하고 있는 행복은?

'~하면 행복해질 거야.' 우리는 때론 행복을 너무 먼 곳에 두고, 그것을 손에 넣기 위해 긴 시간을 참고 기다립니다. 어쩌면 행복은 더 가까이 있을지 몰라요. 당신의 발견을 기다리면서요. 내가 유보하고 있는 행복이 있다면 무엇일까요? 지금 바로 그것을 누릴 방법이 있는지 생각해 보세요.

Week 3 금

자라면서 가족에게 가장 많이 들어 왔던 말은?

가족, 특히 양육자에게 가장 많이 들었던 말은
나의 속 대화가 됩니다. 나도 모르게 혼잣말을 하거나,
관계에서 저절로 떠올리게 되는 거죠.
그래서 내 인생 최초로 맺은 인간관계 방식이
성인이 되어서도 영향을 미칩니다.
나는 자라면서 어떤 말을 많이 들어 왔나요?

Week 49 화

내 삶을 통해서 알려 주고 싶은 한 가지는?

한 사람의 인생은 저마다의 사연을 가진 장편 소설과 같습니다.
슬픔과 기쁨, 고통과 행복, 희망과 좌절이 담겨 있지요.
여기에 좋고 나쁨은 없습니다. 저마다 다른 의미와
교훈을 줍니다. 내 인생을 통해 다른 사람들이
배우고 깨닫는 이야기가 있다면
무엇일지 생각해 보세요.

Week 4 　월

바꾸고 싶은 습관 한 가지는?

건강한 습관은 우리를 좋은 곳으로 데려다줍니다.
바꾸고 싶은 습관 한 가지를 골라 보세요.
어떤 상태로 변화하기를 원하나요? 그것이 나의 몸에
자연스럽게 체득된다면 일상에 어떤 긍정적인 일들이
일어날지 생각해 보세요.

Week 49 월

나를 있는 그대로 받아들일 수 있다면?

받아들인다는 것은 좋다, 싫다 평가하지 않고,
먼저 있는 그대로의 모습을 인정하는 것입니다.
만약 지금보다 나 스스로를 받아들이게 되면
무엇이 달라질까요? 나의 어떤 모습도 나의 부분일 뿐,
전부가 될 수 없다는 사실에 대해서도 생각해 보세요.

Week 4 화

내가 기억하는 최고의 성취는?

살면서 경험한 최고의 성취는 언제였나요? 가슴이 벅차오르고,
자신감이 온몸을 감싸는 짜릿한 순간을 떠올려 보세요.
잠시 눈을 감고 그때의 나를 바라보세요.
무엇이 느껴지나요? 결국 원하던 것을 손에 넣었던 그때의
기쁨을 다시 한번 느껴 보세요.

Week 48 (금)

실컷 울어 본 적이
언제인가요?

언제부터인가 잘 울지 못하는 사람들이 많아졌습니다.
울음은 몸에 있는 감정의 찌꺼기를 내보내는 일입니다.
울고 싶을 때 울 수 없다는 것은 그만큼 몸이 긴장하고
있다는 뜻이죠. 울고 싶을 때 마음 편한 곳에서
실컷 소리 내어 울어 보세요.

절대 벌어지지 않았으면 하는 일은?

앞으로 펼쳐질 나의 미래에 절대
벌어지지 않았으면 하는 일 한 가지를 생각해 보세요.
그 일을 떠올린 이유는 무엇인가요?
그것이 현실이 되지 않기 위해 지금이라도 세울 스 있는
작은 목표가 있다면 무엇인지 생각해 보세요.

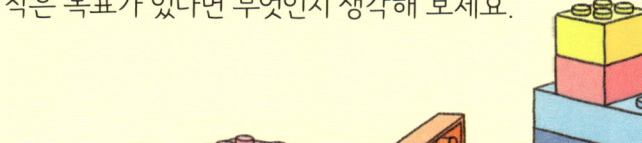

오늘 나에게 필요한 플레이리스트는?

예술은 사람의 마음을 위로합니다.
그날 기분 따라 듣는 플레이리스트가 있는 것처럼요.
지치고 힘든 날 내가 듣고 싶은 음악은 무엇인가요?
지금 바로 그 음악을 플레이해 보세요.
잠시 눈을 감고 그저 음악에 빠져들어 봅니다.

Week 4 목

어린 시절에 나에게 힘이 되어 준 것은?

어린 시절 작은 마음에 위로가 되어 준 것들을 떠올려 보세요.
혼자 있어도 덜 외롭게 만들어 주고,
큰 슬픔도 잦아들게 해 주었던 존재 말이에요.
어떤 것들이 내게 마음의 위안이 되어 주었나요?
만약 지금 다시 만난다면 어떨 것 같아요?

그냥 내버려둬야 하는 것은?

억지로 노력한다고 해서 통제할 수 없는 것들이 있습니다. 잡으려 힘을 쓰고 허우적거리다 보면 오히려 더 멀리 달아날 뿐이죠. 지금 상황에서 그저 운명에 맡겨 둬야 하는 것은 무엇일까요? 흘러가는 대로, 움직이는 대로 바라보는 것이 최선인 것에 대해 생각해 보세요.

Week 4 금

내 몸을 위해 당장 멈춰야 할 한 가지는?

몸을 아끼려면 건강에 도움이 되는 것들을 챙겨야 합니다.
그리고 동시에 몸에 해로운 행동을 멈추는 것 역시 중요하죠.
지금 당장 내 몸을 위해서 그만두어야 하는 행동은 무엇일까요?
오래 앉아 있기, 당 높은 간식 먹기, 술 마시기 등
하나를 정해 멈추기로 결심해 보세요.

일할 때 중요한 보상 가치는?

어떤 일을 할 때 사람마다 가치 있게 생각하는 보상 방식이 다릅니다. 돈, 명예, 여유 있는 시간, 다양한 경험, 인간관계 등처럼 말이에요. 내게 더 의미 있는 보상 방법을 생각해 보세요. 현재 하는 일에서 나는 무엇을 얻고 있나요?

Week 5 월

내가 좋아하는 나의 모습은?

우리는 장점과 단점, 가능성과 한계 모두를 가진 존재입니다.
그러나 평소에는 부족한 점과 싫은 점이 더 눈에 띄는 법이죠.
나는 나의 어떤 점을 좋아하나요?
특정 상황에서의 내 모습을 떠올려 보세요.
그런 일면을 가진 내가 스스로
어떤 사람이라고 느껴지나요?

Week 48 월

나의 성장을 방해하는 생각이 있다면?

더 큰 성장을 방해하는 생각들이 있습니다.
'어차피 해도 소용없다.' '능력이 뛰어난 사람만 가능한 일이다.'와
같은 생각 말이에요. 내가 지금보다 더 멀리 나아가는 데
방해가 되는 마음가짐이나 태도가 있다면 무엇인가요?
그것으로부터 어떻게 벗어날 수 있을까요?

Week 5 화

내가 돌보고 있는 것은?

우리는 돌봄을 통해서 사랑과 삶의 의미를 배웁니다.
내가 마음을 써서 돌보고 있는 것이 있다면 무엇일까요?
그 대상을 통해 무엇을 느끼고 배우고 있나요?
그 존재를 만나기 전에는 몰랐던, 나에게 찾아온
가장 큰 변화가 무엇인지 생각해 보세요.

Week 47 (금)

차마 말하지 못하고 있는 것은?

정작 가까운 사람들과 소통이 더 어려운 경우가 많아요.
어떤 말은 굳이 하기가 어색하고, 쑥스럽고, 민망하니까요.
그러나 말하지 않으면 알 수가 없어요. 알 수 없다면
달라질 수도 없습니다. 내가 약간의 용기를 내어
말해야 하는 것이 있다면 무엇일까요?

Week 5 (수)

과거-현재-미래 중 나는 어디에 머물러 있나?

사람들은 과거를 반추하며 우울해하고, 미래를 걱정하며
불안해하죠. 행복이란 현재, 바로 이곳에 존재할 때만
가능한 것인데 말이에요. 오늘 하루 나는 어디에
오래 머물렀나요? 생각의 굴레 속에 빠지지 않고,
지금 이 순간에 존재할 수 있는 방법은 무엇이 있을까요?

문득 보고 싶은 사람이 있다면?

어떤 날씨, 상황, 때가 되면 문득 그리워지는 사람이 있습니다.
사는 게 바빠서 만날 수도, 자주 연락하기도 쉽지 않지만
삶의 한순간을 가득 채워 주었던 사람들이 있지요.
오늘 안부 문자를 보내 보는 것은 어떨까요?
그냥 생각나서 연락했다는 문자가
때론 더 반갑습니다.

Week 5 목

최근에 내가 해 놓고 후회했던 말은?

순간적으로 반응한 말은 후회를 낳습니다.
본래 하려는 말이 그게 아닐 때가 많지요.
내가 최근에 해 놓고 후회했던 말은 무엇인가요?
내가 진짜 하고 싶었던 말이 무엇인지 정리해 보세요.
'나는 ~을 원해.' '나는 ~하고 싶어.'의 형태로
문장을 완성하면 좋습니다.

Week 47 수

오늘 내가 가장 몰입했던 순간은?

'언제 시간이 이렇게 지났지?' 하는 순간을 몰입이라고 하죠.
무언가에 몰두했던 경험은 하루를 만족스럽게 만들어 줍니다.
내가 시간 가는 줄 모르게 빠져들었던 순간은 언제인가요?
그 상황에 나를 조금 더 자주 놓이게 하려면
어떤 방법이 좋을까요?

결국 듣지 못한 말이 있다면?

우리는 가까운 사람들로부터 인정받고 싶고, 이해받고 싶습니다.
그래서 어떤 말 한마디를 간절히 원하는데 결국 듣지 못하는
경우들이 있어요. 어릴 때부터 한 번쯤 듣고 싶었지만,
아무도 해 주지 않았던 말이 있다면 무엇일까요?
그 말을 떠올린 이유에 대해 생각해 보세요.
이제라도 그 말을 듣게 된다면 어떨 것 같나요?

Week 47 화

허무하다고 느낄 때, 떠올리면 도움이 될 장면은?

삶을 매 순간 의미 있게 살아가는 사람은 없습니다.
의미와 허무의 파도를 넘나들지요. 삶이 헛되게 느껴질 때
내가 가진 기억 중에서 힘을 주는 장면이 있다면
무엇인지 떠올려 보세요. 어떤 상황인가요?
그것을 선택한 이유는요?
내게 어떤 메시지를 주고 있나요?

천천히 느리게
성장해야 하는 것은?

나무는 천천히 성장해야 폭풍우에도 쉽게 부러지지 않고,
균류 저항력도 높아지고, 상처도 쉽게 아문다고 하더라고요.
사람도 그렇습니다. 너무 빨리 자라면 잃어버리는 것들이 있어요.
내가 조금 더 천천히 시간을 갖고 성장해야 할 면은
무엇인지 생각해 보세요.

Week 47 월

내 프로필 사진과 문구는?

SNS 프로필 사진과 문구는 실시간으로 나의 상황과 상태, 심정을 보여 줍니다. 지금까지 올렸던 사진이나 문구를 보고 내가 무엇을 기억하고 싶었는지, 또 다른 사람에게 무엇을 보여 주려 했는지를 확인해 보세요.
그 안에는 나에 관한 어떤 이야기가 담겨 있나요?

Week 6 화

좀 더 알리고 싶은 자랑거리는?

겸손은 미덕이지만, 지나치면 긍정적인 자기 평가에
해가 될 수 있어요. 가끔은 남들에게 좋은 일을 자랑하고
축하와 격려를 받으면, 자기 효능감을 높이는 데 도움이 됩니다.
'누구나 다 하는 것' '대단하지 않은 것'이라 여기지 말고,
마음껏 자랑하고 싶은 일을 찾아 보세요.

Week 46 (금)

지금보다 5% 더 활력 있어지려면 내게 무엇이 필요할까?

지금보다 일상을 더 생기 있게 만들려면 내 몸을 위해서 무엇을 할 수 있을까요? 운동을 하거나, 영양제를 먹거나, 충분히 휴식을 취하는 것처럼 나만의 방법을 생각해 보세요. 나의 걸음이 조금 더 가벼워질 수 있는 단 하나의 방법을 실행에 옮겨 보는 거예요.

Week 6 수

꿈에 대해 후배들에게
해 주고 싶은 조언은?

만약 내가 졸업한 학교에 '꿈의 멘토'로 초대되었다고 상상해 봐요.
커다란 강당 앞에 서서 후배들에게 꿈에 대해 조언을 한다면,
어떤 말을 하고 싶은가요? 강조하고 싶은 한 문장을 떠올려 보세요.
그것은 나의 삶에서 무엇을 가르쳐 주었나요?

최근에 잃어버린 것은?

우울감을 느낀다는 것은 무엇인가 상실했다는 신호입니다.
최근에 내가 잃어버린 것에 대해 생각해 보세요.
그것이 무엇이든 충분히 애도하는 시간이 필요합니다.
서둘러 극복하려 애쓰기보다는
나에게 그것을 제대로 떠나보낼
시간을 내어 주세요.

Week 6 목

별로 도움이 되지 않았던 자기 위로법은?

힘들면 무엇을 마구 먹거나, 사면서 도피하고 싶어집니다.
그러나 쾌락으로 마음을 채우는 방법은 기분을 잠시
전환해 줄 뿐, 오히려 해가 되기도 하죠. 그런 것들을
'그림자 위안'이라고 부릅니다. 나에게도 도움이 되지 않았던
위로법은 무엇이 있는지 생각해 보세요.

Week 46 (수)

흔들릴 때마다 나를 붙잡아 주는 것은?

삶은 흔들리는 배 위에 서 있는 듯 위태롭습니다. 그럴 때
나의 몸과 마음을 지지해 주고 붙잡아 주는 것은 무엇인가요?
삶이 요동칠 때 넘어지지 않으려 힘을 주기보다는, 같이 리듬을 타야
해요. 내가 그 위태로움에서 어떻게 중심을 잡는지 생각해 보세요.

몸에서 가장 마음에 드는 곳은?

내 몸을 자세히 관찰해 본 적 있나요?
누구나 다른 생김새를 가지고 있잖아요.
내 모습 중 '누구처럼'이나 '누구와 비교하면'이 아니라
내 마음에 드는 곳을 찾아 보세요.
어떤 모습이 내게 매력적으로 느껴지나요?
내 몸에게 '예뻐.' '소중해.' '아름다워.' '좋아.'
'고마워.'라고 칭찬하는 말을 해 보세요.

Week 46 화

나에게 지나치게
부담을 주는 일은?

오랫동안 무거운 짐을 지는 데 익숙한 사람은
자신이 힘든 상태인 것도 잘 모릅니다.
요즘 나에게 너무 많은 부담을 주는 일이 있는지 생각해 보세요.
내가 그 일로 지쳐 있다는 것을 어떻게 알 수 있나요?
마음의 무게를 덜어 낼 결정을 내려 보세요.

Week 7 월

사람들이 나에 대해 오해하는 한 가지는?

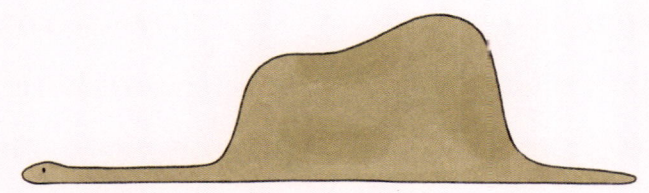

사람들은 같은 것을 봐도 다르게 생각하고,
때로는 전혀 다른 결론을 내립니다. 나에 대해서도 마찬가지예요.
그들은 나의 어떤 면을 오해하고 있을까요?
그럴 만한 이유가 있는지 떠올려 보세요. 앞으로 그에 대해
어떻게 대처하고 싶은지는 내가 선택할 수 있어요.

Week 46 월

내가 제법 성숙해졌다고 느껴지는 순간은?

스스로 '제법 성숙해졌네.'라고 느껴질 때가 있죠.
나는 언제 그런 마음이 드나요?
이전과 비교했을 때 어떻게 달라진 것 같나요?
내가 노력한 것들, 더불어 시간이 우리에게
가르쳐 준 것들에 대해서 생각해 보세요.

지금까지 내 인생의 최대 뉴스는?

지금까지의 삶에서 나에게 가장 의미 있었던
뉴스 한 가지를 꼽으라고 한다면 무엇을 고르시겠어요?
잠시 눈을 감고 그 장면을 생생하게 떠올려 보세요.
그리고 잠시 잊었던 것들, 내 삶에서 다시 정렬이
필요한 것들이 있다면 무엇인지 발견해 보세요.

내가 끊어 버린 관계가 있다면?

영원한 관계란 환상이에요. 만남과 헤어짐이 반복되기 마련이죠.
나와 막역한 사이로 잘 지내 왔는데, 관계를 끊어 내었거나
혹은 놓아 버린 사람이 있나요? 그 이유는 무엇이었나요?
단절의 경험을 통해 나는 관계에서 무엇을 힘들어하고
견딜 수 없어 하는지 살펴보세요.

오늘 작은 친절을 베푼다면?

친절은 돈과 품이 덜 들면서도 나와 타인에게 행복을 전염시킵니다. 오늘 내가 할 수 있는 친절을 실천해 보세요. 문을 잡아 주거나, 순서를 양보하거나, 엘리베이터 버튼을 눌러 주는 일처럼 사소한 것도 좋아요.

Week 45 (목)

지금까지의 인간관계에서 배운 교훈은?

인간관계만큼 복잡하고 어려운 것도 없습니다. 우리가 말하는 성장과 성숙도 그 관계 안에서 무엇을 더 배웠는가를 뜻할 겁니다. 지금까지의 인간관계에서 내가 깨닫게 된 것들이 있다면 무엇일까요? 그것은 나에게 무엇을 가르쳐 주었나요?

Week 7 목

내 핸드폰에 저장된 연락처의 수는?

핸드폰에 저장되어 있는 수많은 연락처 중에서
편하게 연락할 수 있는 사람은 누가 있을까요?
너무 오래된 연락처이거나,
정리가 필요한 인적 정보가 있나요?
어쩌면 우리의 관계도 수시로
업데이트가 필요한 것은 아닐까요?

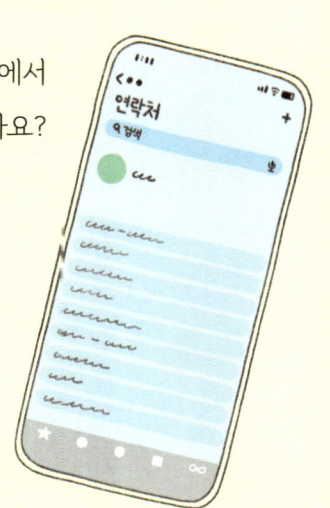

내가 이번 주 '마니또' 하고 싶은 사람은?

'마니또 게임'을 아시나요? 제비뽑기 등으로 상대를 정하고,
비밀 친구로서 도움을 주는 거예요. 해 본 사람은 압니다.
받는 사람보다 주는 사람이 더 재미있고 설레고 기쁘다는 것을요.
이번 주 나의 '마니또'를 뽑는다면 누구로 정하고 싶나요?
어떻게 상대를 기분 좋게 할 수 있을지 생각해 보세요.

Week 7 금

내가 사랑받는다고 느끼는 순간은?

사람마다 사랑을 느끼는 방식이 다릅니다.
생일을 챙겨 줄 때, 따뜻한 위로를 받을 때,
힘든 일을 같이할 때처럼 다양한 모양이 존재하죠.
나는 어떤 순간에 비로소 관심과 사랑을 받는다고 느끼나요?
최근에 사랑받는다고 느꼈던 장면들을 떠올려 보세요.

속도를
늦추어야 하는 것은?

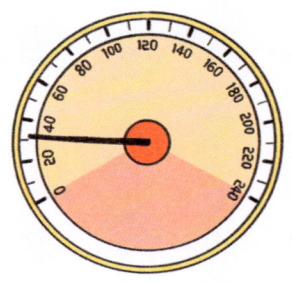

내 삶에 진짜 가치 있는 것들을 알아보기 위해서는
속도를 늦출 필요가 있어요. 너무 빠른 속도로 가다 보면
가짜들 사이에서 내게 진짜 의미 있는 것들을 분별하기
어렵거든요. 지금보다 시간을 들여야 하는 대상이나
일이 있다면 무엇인지 생각해 보세요. 그 이유는 무엇인가요?

작년보다 나아진 것이 있다면?

변화란 꼭 위로 높아지는 것만은 아니에요. 방향이 달라지고,
깊이가 생기고, 색이 짙어지는 모든 것을 말하죠.
그런 여러 가지 면에서 작년의 나보다 지금의 내가 조금 더
나아졌다고 느끼는 점은 무엇이 있나요? 남들이 모르는,
나만 아는 작은 성장 스토리를 놓치지 마세요.

Week 45 월

이제는 나에 관해
스스로 인정해야 하는 것이
있다면?

누구나 마주하고 싶지 않은 내 모습이 있습니다.
그러나 회피한다 해도 그 모습이 사라지는 것은 아니죠.
스스로를 돌아봤을 때, 이제는 인정해야 하는 것이 있다면
무엇일까요? 그것 역시 나의 일부분으로 받아들인다면
어떤 변화들이 생길지 생각해 보세요.

하루 30분 걱정 시간을 정해 놓는다면?

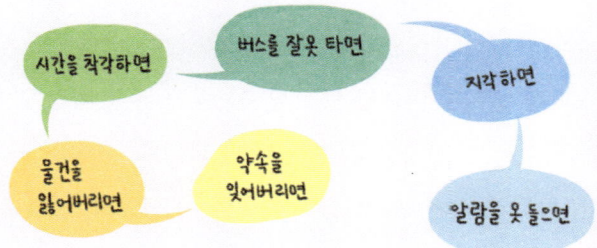

매일이 걱정이죠. 그러나 우리가 하는 수많은 걱정은
아직 벌어지지 않았거나, 결국 벌어지지 않을 일입니다.
하루에 걱정 시간을 미리 정해 놓고, 한꺼번에 한다면 어떨까요?
걱정의 무게를 덜 수 있는 나만의 아이디어를 생각해 보세요.

나는 몸과 어떤 관계를 맺고 있나?

마음은 몸이라는 집에 살고 있어요. 사람들은 자신의 몸과 저마다 다른 방식으로 관계를 맺고 있죠. 싸우는 관계도 있고, 미안한 관계도 있고, 고마운 관계도 있고, 냉담한 관계도 있어요. 나는 지금까지 몸과 어떤 관계를 맺어 왔는지 생각해 보세요.

내 안에 아직 사라지지 않은
소망 한 가지가 있다면?

어른이 되어 현실을 깨닫게 되면 어릴 적 품었던 많은 꿈을
포기하거나 잃어버리게 되죠. 그럼에도 내 안에 아직 사라지지 않은
소망 한 가지가 있다면 무엇일까요?
꿈을 키운다는 것은 그 작은 소리가 사그라들지 않도록
귀를 기울이는 과정일지 모릅니다.

Week 44 목

오늘 나는 무엇을 버텨 내었나?

인생이 늘 앞으로 나아가야 하는 것은 아니에요.
더 물러서지 않은 것만으로도 최선을 다한 날도 있는 거니까요.
오늘 내가 힘을 내어 버텨 낸 것들에 대해 생각해 보세요.
그런 자신을 토닥토닥, 다정하게 보듬어 주세요.

Week 8 목

나의 에너지는 몇 퍼센트나 남아 있나?

핸드폰은 배터리가 얼마 남지 않으면 카메라나 동영상이
작동되지 않지요. 화면도 어두워지고요. 나 역시 그럴 수 있어요.
완전히 방전된 것은 아니지만, 제 기능을
충분히 하고 있지 못하는 상태일 수도 있죠.
지금 나의 에너지는 얼마나 남아 있는지 숫자로 표현해 보세요.
지금의 나를 충전할 방법 한 가지를 떠올려서 실행해 보면 어때요?

Week 44 (수)

내가 가장 두려워하는 것은?

인간이 느끼는 부정적인 감정의 근원은 두려움입니다.
두려움이 깊어지면 불안, 우울감, 분노 등으로 이어지기도 하죠.
그렇기에 삶 전반에서 내가 가장 두려워하는 것이 무엇인지를
아는 것은 깊은 자기 이해를 돕습니다. 나는 무엇을 두려워하나요?
그것이 내게 어떤 의미인지
생각해 보세요.

Week 8 금

내가 가장 컨디션이 좋을 때의 상태는?

내가 가장 건강하고 활기가 넘치는 순간이 언제인지 떠올려 보세요.
그럴 때 내 몸은 평소와 어떻게 달라지나요?
좋은 컨디션을 유지할 수 있었던 이유는 무엇인가요?
그 상태를 조금 더 오래 지속할 수 있는 방법을 생각해 보세요.

Week 44 화

힘겹지만 받아들여야 하는 충고는?

다른 사람들의 조언에 모두 귀를 기울일 필요는 없어요.
각자 자신이 원하는 것을 나에게 요청하는 것일 테니까요.
그럼에도 받아들여야 하는 충고가 있다면 무엇인지
생각해 보세요. 그 조언을 진심으로 수용하면
어떤 변화가 일어날까요?

Week 9 월

나의 연관 검색어는?

나의 핸드폰은 어쩌면 지금의 나에 대해 누구보다 더
많은 것들을 말해 줄지도 모릅니다. 요즘 내가 자주 검색한
단어들은 무엇인가요? 특징 있는 연관 검색어가 보이나요?
그것이 현재의 나에 대해 무엇을 알려 주는지 생각해 보세요.

Week 44 월

최근에 나에게 가장 도전적이었던 일은?

나이가 들수록 도전 앞에서 망설이게 됩니다.
한 발 내딛기도 전에 결괏값을 먼저 따져 보게 되지요.
그럼에도 내가 했던 도전적인 일은 무엇이었나요?
만약 그것을 하지 않았다면 경험하지 못했을 배움에 대해
이야기해 보세요.

내가 양보할 수 없는 것들은?

이것만큼은 양보할 수 없다고 생각하는

물건, 시간, 활동 등이 있다면 무엇인지 생각해 보세요.

그 이유는 무엇인가요?

그것을 지켜 냈을 때 무엇을 얻을 수 있나요?

앞으로도 그것을 우선순위로 두기 위해서는 무엇이 필요할까요?

Week 43 (금)

너무 가까이 있어서
제대로 보지 못하는 사람이 있다면?

사람 사이도 너무 가까우면 초점이 맞지 않아 상대를
제대로 보지 못할 수 있어요. 예를 들어 상대가 가진 가능성을
알아차리지 못하거나 그가 힘든 점이 무엇인지를 간과하는 거죠.
너무 곁에 있어 제대로 보기 어려웠던 사람이 있나요?
그의 어떤 면을 놓치고 있었던 걸까요?

오늘 하루에 제목을 붙인다면?

매일이 비슷한 날인 것처럼 느껴질 때가 있습니다.
오늘을 누리면서 살고 싶다면 하루에 이름을 붙이는
방법도 좋습니다. 멋지고 대단할 필요는 없어요.
오늘 있었던 일이나 느꼈던 감정, 떠오른 생각,
기억해 두고 싶은 것들을 떠올려 보면서
단어나 문장으로 만들면 좋아요.

요즘 내가 버릇처럼 하는 말이 있다면?

　한 사람이 무심결에 반복하는 말을 관찰하면 독특한 특징이 드러납니다. 내가 평소에 사람들과 대화할 때 버릇처럼, 무의식적으로 되풀이하는 말이 있다면 무엇일까요? 그 말로 사람들에게 어떤 메시지를 강조하고 싶었던 것일까요?

Week 9 목

내가 사람들에게 가장 듣고 싶은 칭찬의 말은?

다른 사람들에게 듣고 싶은 말은 내가 원하는 것이 무엇인지를
보여 줍니다. 매력적이라는 말, 똑똑하다는 말, 재치 있다는 말에는
각각 다른 욕구가 담겨 있죠. 나는 사람들에게 어떤 칭찬의 말을
듣고 싶은가요? 그 말을 떠올린 이유를 생각해 보세요.
그 말을 듣게 되면 어떤 마음이 충족될까요?

Week 43 (수)

오늘 나에게 기운을 준 것은?

피곤한 일상에서 눈을 번쩍 뜨게 해 준 대상이 있다면 무엇인가요? 나는 언제 신이 났나요? 무엇을 먹고, 보고, 만지고, 느낄 때 힘이 솟는지 살펴보세요. 관심이 있어야 더 잘 챙겨 줄 수 있어요. 내 마음을 움직이는 것들에 대해서 관찰하고 기록해 보세요.

우리 가족이 어려움을 해결하는 힘은?

가족마다 가진 자원, 그러니까 강점과 장점이 다릅니다.
그래서 문제를 해결하는 방식도 다르고요. 우리 가족이
어려움에 처했을 때 그것을 돌파하는 힘은 무엇인가요?
나는 그것에 어떤 영향을 받았는지
생각해 보세요.

Week 43 화

진짜 하기 싫은 것 한 가지는?

'해야 하는데….'라고 생각은 하지만, 속마음에서는
'진짜 안 하고 싶다.' 생각할 때가 있습니다.
그럴 때 스스로에게 질문해 보세요.
이걸 하면 어떤 이득이 있을까요?
만약 안 한다면 무엇으로부터 자유로워질까요?
나에게 더 중요한 가치를 탐색해 보세요.

Week 10 월

과거로 돌아가서
바꾸고 싶은 것이 있다면?

만약 과거로 돌아가 한 가지를 바꿀 수 있다면
무엇을 하고 싶은가요? 시간을 돌이킬 수는 없지만,
우리는 과거로부터 교훈을 얻어 현재를 다시 써 -나갈 수 있지요.
다시는 그런 일이 반복되지 않도록
지금부터 무엇을 다르게 하면 좋을까요?

Week 43 월

아직도 나에 대해 잘 모르는 한 가지는?

그 누구도 한 사람을 완전하게 알 수 없어요.
아주 오래되고 가까운 사람들은 물론이고, 심지어 나조차도요!
이런 사람인 듯하지만, 때로는 전혀 다른 면이 있는 나,
그래서 좀처럼 이해할 수 없는
나의 일면에 대해 생각해 보세요.

크게 힘들이지 않고도 꽤 잘해 내는 일은?

나는 크게 의식하지 않고 하는 일인데,
사람들이 칭찬하고 인정해 주는 일이 있다면 무엇인가요?
일을 수행할 때 그 능력은 어떻게 발휘되고 있나요?
남들이 먼저 알아보는 나의 강점 세 가지를 발견해 보세요.

Week 42 (금)

내가 중독되어 있는 것은?

현대인은 도파민에 중독되기 쉽습니다. SNS, 영상과 게임, 쇼핑, OTT 플랫폼 등 다양한 디지털 환경에서 즉각적인 보상과 자극에 지속적으로 노출되어 있기 때문이지요. 요즘 스스로 조절하기 어렵고, 참을 수 없는 한 가지가 있다면 무엇인가요? 그것에 나에게 어떤 영향을 미치는지 살펴보세요.

올해 마지막 날, 무엇을 축하하게 될까?

올해의 마지막 날, 우리는 무엇인가를 후회하기도 하겠지만,
동시에 무엇에 기뻐하겠지요. 과연 어떤 것을 축하하게 될까요?
나는 무엇을 이루었고, 해내었고, 만끽하게 될지
즐겁게 상상해 보세요.

무엇이든 말할 수 있는 대나무 숲이 있다면?

어떤 비밀이든 듣고 감추어 주는 대나무 숲이 있다고
상상해 볼까요. 아무도 볼 수 없게 숲 안으로 깊숙이 들어가
소리치고 싶은 말이 있다면 무엇인가요?
남의 눈치 보지 않고 시원하게 내뱉어 버리고 싶은 말을
마음 안에서 찾아 소리 내어 보세요.

Week 10 목

어차피 벌어질 일이었다면?

'내가 더 잘했더라면 어땠을까?'
속상한 일이 생기면 자신을 탓하면서 더 노력했더라면
이런 일은 생기지 않았을 거란 말을 하지요.
하지만 앞날은 아무도 모르잖아요.
반대로, 어차피 벌어질 일이었다고 생각하고 바라보면
무엇이 다르게 보일까요?

Week 42 (수)

어릴 적 상상했던 어른의 모습은?

어릴 적 그리던 어른의 모습이 있습니다.
'내가 어른이 되면…'과 같은 막연한 상상 말이에요.
지금의 내 모습 중 그 상상과 닮은 점은 무엇인가요?
완벽하지는 않지만, 그 모습에 조금씩 가까워지고 있는
괜찮은 어른으로서 나의 모습을 생각해 보세요.

몸에 대해 가지고 있었던 잘못된 생각은?

어릴 적에는 미디어에서 보여 주는
이상적인 이미지나 다른 사람의 평가를 통해
내 몸을 바라보기 쉬웠지요.
자신의 몸을 있는 그대로 인식하는 일에도
연습이 필요해요.
그동안 내 몸에 대해 가지고 있었던
잘못된 생각이 있었다면 무엇이었을까요?

Week 42 화

내가 노력해도
달라지지 않을 일은?

내가 아무리 열심히 해도 달라지지 않는 일이 있어요.
어쩔 수 없는 환경이나, 타인의 마음 같은 거요.
내가 통제할 수 없는 것들에 기대하고 맹목적으로 매달리면
실망도 크기 마련입니다. 내가 몰두해 있는 일 중에서
나의 노력과는 상관없는 일은 무엇일까요?

Week 11 월

사람들은 나의 첫인상에 관해 뭐라고 말하나?

그동안 나의 첫인상에 대해 어떤 이야기를 들어 왔는지
떠올려 보세요. 사람들은 짧은 순간, 나에 대한 충분한 정보 없이
무엇을 느끼고 감지하는 것일까요?
그것은 나의 어떤 부분으로부터
흘러나오게 되었을지 생각해 보세요.

Week 42 월

최근에 있었던 작은 실패는?

어떤 일에 실패했다는 것은 목표와 방향이 있다는 말입니다.
그 지점을 향해 멈추지 않고 움직이고 있다는 뜻이고요.
최근에 내가 '실패'라고 불렀던 작은 사건을 떠올려 보세요.
그것에 대해 나 자신에게 해 주고 싶은 격려의 말은 무엇인가요?

Week 11 화

남들은 알아주지 않지만,
스스로 뿌듯함을 느끼는 일은?

세상을 바꿀 만한 거대하고 멋진 일이 나에게 삶의 의미를 주는 것은 아닙니다. 남들은 알아주지 않는 작고 사소한 것, 하지만 마음과 정성을 다하고 있는 일이 내 삶에 차곡차곡 쌓여 영향을 주지요. 스스로 생각할 때 뿌듯한 일이 있다면 무엇인가요? 그것을 선택한 이유는요?

Week 41 (금)

내가 관계에서 유독 집착하는 것이 있다면?

가까운 사람에게 특정 기대와 요구가 있기 마련입니다.
그러나 그것이 집착이 되면 서로 피곤해질뿐더러 관계에 해롭습니다.
최근에 내가 어떤 사람과의 관계에서 지나치게 몰두한 일이 있다면
무엇인가요? 내가 그것을 놓아 버리게 된다면 어떤 기분일지
생각해 보세요.

마음이 편안해지는 나만의 주문이 있다면?

마음이 불편해지는 순간에는 호흡이 짧아지고, 몸이 긴장되어 있어요.
이럴 때 도움이 될 만한 나만의 주문을 만들어 보는 것은 어떨까요?
떠올리거나 내뱉는 것만으로도 마음이 진정되고
평온해지는 말을 찾아 보세요.

나에게
유해한 사람은 누구인가?

좋은 사람들도 많지만,
반대로 내게 부정적인 파급력을 미치는 사람들도 있어요.
뒷담화를 즐겨 하는 사람, 외모를 지적하는 사람,
성과를 가로채는 사람들처럼요.
나에게 해로운 영향을 주는 사람이 있다면 누구인가요?
그들과 어떻게 거리를 두어야 할지 생각해 보세요.

Week 11 목

내가 사람들과 가까워지는 방법은?

다른 사람과 친해지고 싶을 때 상대에게 다가가는
방법은 저마다 다릅니다. 나에게 편한 방법,
혹은 타인에게 매력적으로 보일 수 있는 전략을 사용하게 되죠.
나는 이런 상황에서 어떻게 다가가는 편인가요?
그것은 관계의 시작에 어떤 도움이 되나요?

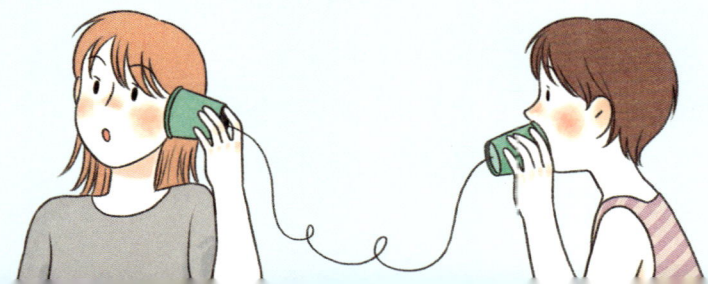

Week 41 (수)

돈 안 들이고 할 수 있는 만족스러운 일은?

요즘은 돈으로 즉각적인 쾌락을 충족시키기 쉽습니다. 단점은 금세 쾌락에 적응되어 다음에는 더 큰 돈이 필요하다는 것이죠. 돈을 들이지 않고도 나를 만족시킬 수 있는 활동 세 가지를 찾아보세요. 다양한 활동 리스트를 만들어 두고 기분에 따라 하고 싶은 일을 골라 실행해 보는 건 어때요?

부모에게 물려받은 것 중에 가장 마음에 드는 것은?

부모에게 물려받은 유산이란 반드시 재산만을 의미하지 않아요.
외모, 성격, 말하고 행동하는 습관처럼 보다 넓은 관점에서 볼 수 있죠.
부모로부터 받은 것 중에서 가장 마음에 드는 것은 무엇인가요?
그것이 나의 삶에 어떤 도움이 되었는지 생각해 보세요.

요즘 내가 가장 오래 바라보고 있는 것은?

애정을 주는 것에 눈길이 머물기 마련입니다. 요즘 나는
어떤 사람을, 사진이나 영상을, 물건이나 일을 바라보고 있나요?
그것을 가까이할 때 내 마음은 어떻게 달라지나요?
요즘 그 대상이 내 삶에서
얼마나 큰 비중을 차지하는지
생각해 보세요.

Week 12 월

오늘 내가 배운 한 가지는?

이 세상에 실패는 없다죠. 연습과 과정만 존재한다는 뜻입니다.
성공과 실패 그 자체보다 중요한 것은 그것으로부터 무엇을
배웠는가입니다. 오늘 나의 다이어리에는 어떤 배움이 기록될까요?
이렇게 매일 하나씩, 꾸준하게 배워 나갈 때
나는 또 어떻게 달라질까요?

지금의 나를 있게 해 준 강점 세 가지는?

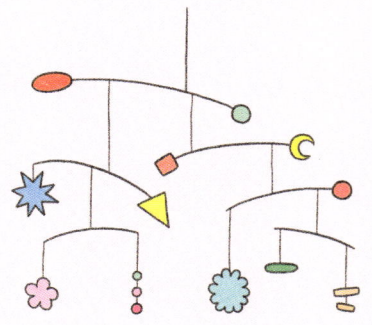

누구나 자신만의 강점 조합을 가지고 있습니다.

이러한 강점은 타고났거나 환경에서 적응하면서 만들어집니다.

나는 어떤 강점들 덕분에 여기까지 올 수 있었는지 생각해 보세요.

그 강점들을 어떤 상황에서 발휘했나요?

그것이 드러날 때의 내 모습이 어떻게 느껴지나요?

직업을 바꿀 수 있다면?

만약 내가 원하는 대로 직업을 바꿀 수 있다면
무엇을 선택하고 싶어요? 그 이유를 들려주세요.
그것은 나의 어떤 능력을 발휘할 수 있기 때문인가요?
그 능력을 지금 하는 일에 더 발휘할 수 있는
아이디어를 떠올려 보세요.

가장 약한 몸의 부위는?

사람마다 몸에 더 약한 부위가 있어요.
힘을 잘 못 쓰고, 조금만 무리하면 자꾸 아파서 신경이
쓰이는 곳 말이에요. 약한 곳은 나의 돌봄이 필요하죠.
약한 부분을 원망하기보다는 그것 덕분에
내가 무엇을 더 조심하고 챙기게 되는지를
생각해 보세요.

Week 12 (수)

만족스러운 삶이란?

항상 분명한 꿈과 목표를 갖고 있어야 하는 것은 아니에요.
매일에 만족하며 살아가는 삶의 형태도 있으니끄-요.
만약 나 역시 그렇다면 내게 만족스러운 삶이란 무엇일지
생각해 보세요. 내가 어떤 모습으로 살아가고 있을 때
마음에 든다고 느껴지나요?

Week 40 목

지금 이 순간, 내가 듣고 싶은 위로의 말은?

몸이 다르면 마음이 다르고, 마음이 다르니까
상대가 무슨 말을 하든 받아들이기 어려울 때가 있습니다.
그래서 내게 필요한 위로의 말도 듣지 못하게 되죠.
지금 이 순간 내게 필요한 위로의 말은 내가 가장 잘 압니다.
가장 먼저 나 자신에게 그 말을
들려주면 어떨까요?

Week 12 목

스스로 나를 괴롭히는 생각이 있다면?

때때로 어떤 생각은 나를 궁지로 내몰면서 괴롭히기도 합니다.
나에게 그런 습관이 있다면, 주로 어떤 것에 관한 생각인가요?
그러나 생각은 생각일 뿐, 생각이 곧 나 자신이 아니에요. 그것을
구분할 수 있게 되면 자연스럽게 정리되는 것들이 있습니다.

Week 40 (수)

삶이 무료하게 느껴질 때는?

삶은 고통과 무료함을 오가는 것이라는 말이 있어요.
목표를 쟁취하는 과정이 고통스럽기도 하지만, 그때가 지나면
이미 익숙해진 것들로 인해 삶이 무료해질 수 있다는 거죠.
삶에 목표가 사라진 듯한 느낌을
주는 때는 언제인가요?
나는 그 시간을 어떻게
통과하는지 생각해 보세요.

오늘 나는 무엇을 먹었나?

어느 시기가 되면 먹는 행위가 건강과 삶의 질에
얼마나 중요한지를 깨닫게 됩니다.
내가 오늘 먹는 것이 내일의 내가 되는 셈이죠.
오늘 나는 무엇을 먹었나요?
그것을 흡수한 몸은 어떻게 받아들이고 있을까요?
내일은 무엇을 먹어 볼까요?

Week 40 화

위기를 기회로 만들었던 경험은?

언제든 위기는 찾아옵니다.
우리가 할 수 있는 일은 그 위기를 기회로 만드는 것이고요.
나쁜 일인 줄 알았지만, 결국 좋은 일로
마무리될 수 있었던 경험에 대해서 생각해 보세요.
이를 통해 배운 교훈은 무엇인가요?

Week 13 월

내가 되고 싶은 사람의 모습은?

'내가 되고자 하는 모습'을 '이상 자기'라고 해요.
이상 자기는 내게 긍정적인 영향을 주기도 하지만,
현실과 너무 큰 차이가 나면 나를 불안하고
우울하게 만들죠. 그것은 정말 내가 원하는
모습인가요? 혹여 타인이나 세상의
기대 때문은 아닐지 생각해 보세요.

Week 40 월

약간의 용기가 필요한 일이 있다면?

무엇인가를 뛰어넘는다는 것은 용기가 필요한 일입니다. 여전히
두렵지만, 두려움 너머의 가능성과 기회를 바라보는 일이기도 하죠.
나에게 약간의 용기를 내야 할 일이 있다면 무엇인가요?
그것을 일단 시작하게 되면 무엇을 확인하게 될까요?

Week 13 화

불필요하게 에너지를
사용하고 있는 곳이 있다면?

사람마다 에너지 구멍이 있습니다. 정서적으로 나를 소진시키고,
체력을 갉아먹고, 정신을 흐트려 놓는 것들 말이죠.
최근 내가 불필요하게 에너지를 사용하고 있는 곳이 있는지
생각해 보세요. 그것으로부터 나를
보호할 수 있는 방법은 무엇일까요?

우리 가족의
비밀 한 가지는?

가족마다 밖에 말하지 못하는 비밀 한 가지쯤은 있을 수 있어요.
대개 꺼내 놓기 껄끄러운 사연들이죠. 그러나 어떤 비밀은
숨길수록 내게 더 강한 영향을 미치기도 합니다.
우리 집에 그런 비밀은 무엇이 있었을까요?
그것을 시원하게 털어 버리고 나면 어떤 기분일 것 같나요?

더 음미하고 싶을 만큼 좋았던 순간은?

인간은 본래 부정적인 감정에 예민해요. 행복, 기쁨, 안도감,
고마움, 설렘, 평온함과 같은 감정은 상대적으로 덜 느끼고,
길게 누리기도 어렵습니다. 만족스러운 순간을 그냥 넘기지 말고,
감정 단어로 표현하면서 충분히 음미해 보세요.
행복감을 꼭꼭 씹어서 소화시키는 좋은 방법입니다.

내가 좀처럼 하지 못하는 말은?

사람마다 유독 자주 하는 말도 있지만, 좀처럼 하지 못하는
말도 있습니다. 다른 사람에게는 크게 어렵지 않아 보이는데,
나는 상당히 고민하고 주저해야 할 수 있는 말이 있다면
떠올려 보세요. 말은 마음의 모양을 보여 줍니다.
그것이 내게 어려운 이유는 무엇일까요?

사람들과 대화할 때 드러나는 나만의 매력은?

사람마다 대화할 때 드러나는 매력이 달라요.
말이 화려한 사람, 잘 듣는 사람, 반응을 잘하는 사람,
재미있게 이야기하는 사람처럼요.
대화할 때 상대는 나의 어떤 포인트에 호감을 느낄까요?
나와 다른 스타일을 가진 사람을 부러워하기보다는
이미 내가 가진 매력을 더 살려 보는 것은 어때요?

Week 39 (수)

나를 멀리서 돕고 있는 사람은?

아무도 내 마음을 몰라주는 것 같아 고립된 심정일 때가
있습니다. 그러나 누군가의 도움 없이는 절대 이곳까지
올 수 없었다는 것을 기억해야 해요. 나를 멀리서
도와주는 사람들은 누가 있을까요? 내가 잘되기를 응원하며
좋은 일에 함께 기뻐하는 사람이 있다면 누구일까요?

Week 13 (금)

나는 어떤 사람에게 사랑에 빠지나?

사랑에 빠지는 데 이유가 없다고 하죠. 하지만 ㅈ금까지 내가
사랑한 사람들을 돌아볼 때 비슷한 점이 있다면 무엇일까요?
그것은 내가 무엇을 선호하고 있다는 것일까요?
내가 연애 관계에서 무엇을 충족하고 싶다는 뜻인지
생각해 보세요.

Week 39 화

최근에 한 가장 나다웠던 선택은?

'나다운 선택'이란 기준이 내 안에 있다는 것을 뜻합니다.
무엇을 원하는지, 왜 그것이 중요한지 알고 스스로 결정하는
과정에서 내면이 단단해지죠. '남들이 하니까' '누가 하라고 해서'
따라가는 경험은 자존감을 훼손시킵니다.
아무리 훌륭한 조언을 해 주어도 내게 가장 필요한
선택을 나만큼 잘 아는 사람은 없습니다.

최근에 누군가를 통해 보고 배운 점이 있다면?

열린 마음만 있다면 직접 경험하지 않아도 얼마든지 배울 수 있죠.
책이나 영화, 주변 사람들을 통해서도요.
최근에 나에게 새로운 교훈을 주었던 대상이나 사람이 있나요?
타인의 말이나 행동을 통해서 배운 지혜를
내 삶에 적용해 본다면 어떨까요?

내게 주기적으로 일어나는 어려움은?

어떤 시기마다 주기적으로 찾아오는 어려움이 있습니다.
그 문제와 내가 특정 방식으로 관계되어 있다는 뜻이죠.
내게 반복해서 일어나는 문제가 있다면 무엇인지 생각해 보세요.
그것이 유독 내게 나타나는 이유는 무엇일까요?
그 연결 고리는 나에게 무엇을 말해 주고 싶어 할까요?

나와의 약속 중에서 잘 지켜지고 있는 것은?

자존감은 타인의 평가뿐만이 아니라,
나 자신과 한 약속을 지켜 나가는 모습을 통해서도 키울 수 있습니다.
자기 평가를 하는 과정에서 스스로 더 신뢰할 수 있게 되는 거죠.
최근에 나 자신과 한 약속은 무엇이 있나요?
어떤 약속을 잘 지켜 가고 있는지, 혹은 지키고 싶은지 생각해 보세요.

Week 38 (금)

내가 가장
걷기 좋아하는 길은?

걷기의 긍정적 효과에 대한 연구가 많습니다.
아직 걷는 데 익숙하지 않다면 걷고 싶은 길을
미리 점찍어 두는 것은 어떨까요? 집 주변, 가까운 곳에
가볍게 산책할 수 있는 곳이 어디인지 살펴보세요.
마음이 따른다면 그때 한 바퀴 돌아보는 거예요.

3년 후에는 오늘이 어떻게 기억될까?

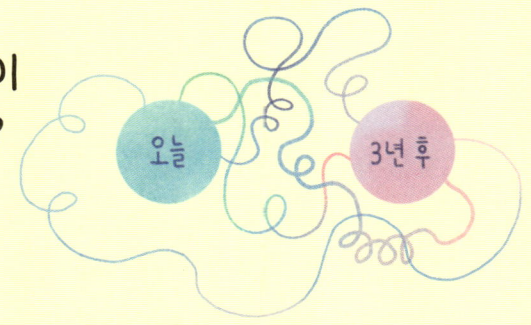

바쁜 하루를 살다 보면 이 시간이 어떻게 미래로 이어지는지
보이지 않습니다. 그럴 때는 미래에서 현재를 바라보면 도움이 돼요.
3년 후에 오늘은 과연 어떻게 기억될까요?
내 마음에 흡족한가요?
현재의 나는 어디를 향해 흘러가고 있을까요?

모든 힘든 일에는 끝이 있다는 것을 안다면?

한 치 앞도 내다볼 수 없을 정도로 깜깜하고, 축축한 동굴 안에 있다고 생각해 보세요. 불안하고 두려운 것이 당연하죠. 그러나 만약 결국 이 길고 긴 동굴도 끝이 있다는 것을 분명히 알고 있다면 마음이 어떻게 달라질까요?

내가 과하게 사용한 능력은?

사람은 가장 뛰어난 능력을 자주 사용하게 됩니다.
그러나 강점에도 '최적 수준'이라는 것이 있어서
과용하면 지치고 힘들어져요.
내가 요즘 지나치게 사용해 버린 능력은 무엇일까요?
그 능력을 일상에서 조금 덜 쓰고
나를 돌볼 수 있는 방법을 생각해 보세요.

내가 만약 인플루언서가 된다면?

내가 인플루언서가 된다는 상상을 해 볼게요.
나는 무엇 때문에 사람들에게 알려지게 되었을까요?
내가 어떤 영향력을 미칠 수 있을 것 같나요?
그것은 내가 살아가고 싶은 삶과 어떻게 닮아 있는지 생각해 보세요.

Week 14 금

긴장된 몸을 이완하는 나만의 방법은?

몸이 긴장되었을 때는 이완을 통한 돌봄이 필요해요.
호흡을 길게 하고, 손에 힘을 꽈악 주었다가 스르륵 뺐다를
반복하면서 몸을 편안하게 만들어 보세요.
몸을 쓰는 방법을 잘 알고 있어야
제대로 내 몸을 아껴 줄 수 있습니다.

Week 38 화

자꾸 내 탓을 하게 되는 일이 있다면?

누군가를 탓하는 것만으로는 상황을 바꾸기 어렵습니다.
또 어떤 일이 한 사람의 책임만으로 완성되지도 않고요.
불필요하게 다른 사람의 책임까지 떠안아 올 필요는 없습니다.
내 탓을 하게 되는 일 중에서 이제는 좀
내려놓아야 하는 것이 있다면 무엇일까요?

내가 가장
자연스러워지는 순간은?

우리는 타인을 의식하고 기대에 맞춰 행동하려는
경향이 있어요. 그 누구도 신경 쓰지 않고,
눈치 보지 않으면서 있는 그대로의 내 모습을 드러낼 수
있는 때는 언제인가요? 그럴 때 드러나는
진짜 나의 모습은 평소와 어떻게 다른지 생각해 보세요.

Week 38 (월)

내 인생은 지금 몇 시 몇 분쯤일까?

무엇을 시작하기에 '너무 늦었나?' 하는 생각이 들 때가 있습니다.
그럴 때는 내 인생의 시간을 확인하는 것이 도움이 됩니다.
생각보다 더 많은 시간이 남아 있다는 것을 깨닫게 되거든요.
내 일생을 하루 24시간으로 본다면,
지금은 현재 몇 시 몇 분쯤일까요?

Week 15 화

나는 누구에게 영향력을
미치고 있을까?

우리는 매일 누군가에게 영향력을 주고 또 받습니다.
나의 말과 행동 역시 타인의 감정, 생각, 선택에 영향을 미치죠.
나는 오늘 어떤 사람에게, 어떤 방식으로 영향을 미쳤을까요?
내가 그 사람에게 진짜 전하고 싶었던 것은
무엇이었는지 생각해 보세요.

Week 37 (금)

관계 속에서 외롭다고 느끼는 순간은?

주변에 아무리 사람이 많아도 외로운 순간이 있습니다.
사람들 덕분에 힘이 날 때도 있지만,
오히려 그들로 인해 더 쓸쓸해질 때도 있고요.
최근에 나는 언제 그렇게 느꼈나요?
그런 순간에 우리가 받아들여야
할 것이 있다면 무엇인가요?

Week 15 수

나를 당장 웃게 할 가장 빠른 방법은?

웃는 것도 연습이 필요한 사람이 있어요. 지금 당장
나를 웃게 하는 가장 빠른 방법 한 가지씩을 연구해 보세요.
재밌는 생각을 떠올려도 좋고요.
특별한 이유 없이 씩 한번 웃어 보아도 좋겠어요.
기억하세요. 당신의 미소는 언제나 근사해요.

Week 37 목

더 친해지고 싶은 사람은?

요즘 더 알아 가고 싶은 사람이 있다면 누구인지 생각해 보세요.
다른 사람보다 유독 그 사람에게 마음이 가는 이유가 있다면
무엇일까요? 나는 어떤 점을 주목해서 바라보게 되나요?
인간관계를 맺을 때 내가 더 관심 있게 바라보는 특징이
무엇인지 알아보세요.

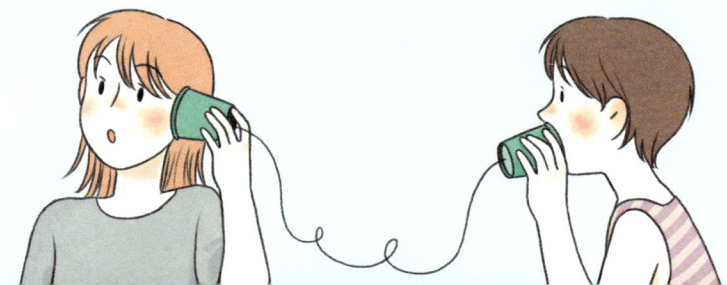

Week 15 목

누군가 불편해질 때 내가 대처하는 방식은?

누군가가 불편해질 때 나는 어떻게 대처하는지 생각해 보세요.
대화로 상황을 풀어 갈 수도 있고, 생각할 시간을 갖자고 하거나,
아니면 회피해 버릴 수도 있겠죠. 지금까지의 관계를 돌아보면서
나의 방식에 공통된 특징이 있는지 생각해 보세요.
그 방식의 좋은 점과 아쉬운 점은 무엇일까요?

Week 37 수

오늘 작은 것 한 가지에 감사한다면?

매너리즘에 빠졌다는 것은 감사함이 사라졌을 때라는 말에
동의하나요. 일상에서 작은 감사를 발견하는 사람은 삶을
행복하게 경영할 줄 압니다. 그때그때 고마웠던 사람과 상황을
떠올려 보면서 감사의 시간을 만들어 보세요.
작고 사소한 것에 자주 감사함을 느낄수록 좋습니다.

나에게 가장 큰
영향을 준 연애는?

사랑이라는 감정은 행복과 고통을 동반하고
그 과정에서 우리는 한 뼘 더 성숙해집니다.
지금까지 그런 감정을 불러일으킨 사람 중 나에게
가장 큰 영향을 남긴 사람은 누구인가요?
그 사람과 만나기 전과 후,
나에게 어떤 변화가 있었는지 생각해 보세요.

Week 37 화

내가 자주 사용하는 삶의 명언은?

우리는 지혜가 필요한 순간에 내 마음속 말들 중 하나를 끌어올립니다. 그것이 내게 개인적인 의미를 지니고 있기 때문이죠. 내가 힘들거나 지쳤을 때, 혹은 다짐과 용기가 필요할 때 자주 떠올리는 삶의 명언은 무엇인가요? 그것은 나에게 어떤 가치를 일깨워 주나요?

Week 16 월

계획에 차질이 생겼을 때는?

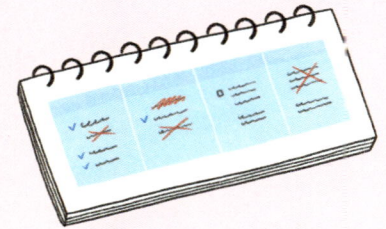

삶은 우리가 세운 계획대로 움직여 주지 않지요.
늘 예상하지 못한 변수가 끼어듭니다. 내가 원하는 대로 일이
굴러가지 않을 때 나는 어떻게 반응하나요? 이런 상황에
놓였을 때 보다 현명한 태도는 무엇일지 생각해 보세요.

Week 37 월

내 성격의
좋은 점과 약점은?

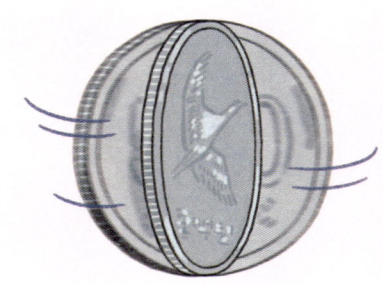

사람마다 성격이 다릅니다.

그 자체로는 좋은 것도 나쁜 것도 아니지요.

성격이란 동전의 양면과 같습니다. 환경이나 사정에 따라

장점으로도, 단점으로도 발휘될 수 있으니까요.

나의 성격적 특징들을 생각해 보세요.

그것이 잘 발휘될 때와 그렇지 않을 때 모습은 각각 어떤가요?

Week 16 화

내가 오랫동안
꾸준히 해 오고 있는 일이 있다면?

크고 대단한 일을 시작하는 것만 능력이 아닙니다.
하나의 일을 꾸준히 실행하는 것도 특별한 능력이지요.
내가 비교적 오랫동안 지속해 온 일이 있다면 무엇인가요?
그것을 포기하지 않으면서 지금까지 해낼 수 있었던
나의 특성에 대해서 생각해 보세요.

Week 36 (금)

노동의 기쁨을 누리는 순간은?

노동이란 온전하게 내 몸을 사용하는 일, 힘의 완급을 스스로 조절하며 몸을 움직여 무엇인가를 만들어 내는 과정이에요. 머리로 생각하는 시간 말고, 내가 직접 몸을 움직여 얻는 기쁨에 대해 생각해 보세요.

내 것이 아닌 목표는?

앞으로 계획한 것 중에서 내 것이 아닌 것이 있는지
확인해 보세요. 필요하고 원해서가 아니라,
남들의 눈을 의식해서 혹은 그래야 할 것 같아서
억지로 세워 둔 목표가 있다면 무엇인가요?
만약 나를 위한 약속으로 바꾸어 본다면 어떨 것 같나요?

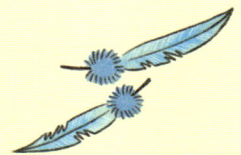

Week 36 목

나에게 주고 싶은 선물은?

누군가를 좋아할 때, 혹은 응원하는 마음을 표현할 때
선물을 주기도 하잖아요. 만약 나 자신에게 작은 선물을 해 준다면
무엇을 준비하고 싶은가요? 선물과 함께 카드에는
어떤 문구를 작성하고 싶은지 이야기해 보세요.

나에게 방어막이 있다면?

어릴 적 봤던 영화 속 슈퍼 히어로 영화를 기억하나요?
주인공은 자신을 보호하는 방어막을 펼치며 적과 싸우죠.
만약 나에게 무엇이든 막아 주는 방어막이 있다면
무엇을 막아 내고 싶나요? 현실 세계에서 내가 사용할 수 있는
방어 기술이 있다면 무엇인지 생각해 보세요.

Week 36 수

내 인생의 전환점은?

예상하지 못했던 사건이 생기고, 원하지 않았던 일들이 찾아오지만, 우리는 그것에 '전환점'이라는 이름을 붙일 수도 있습니다. 지금까지의 내 인생과는 다른 방향을 만들어 주었던 전환점이 있다면 언제였나요? 그것은 내게 어떤 흥미진진한 이야기로 남아 있나요?

불편한 상황일 때
내 몸에서 일어나는 일은?

외부의 자극이 불편할 때 우리 몸은 반응합니다

심장이 뛰고, 어깨가 올라붙고, 온몸에 힘이 들어가는 식으로요.

그건 내게 부정적 감정이 일어났다는 뜻이에요.

그럴 때 몸의 반응을 알아차리는 것만으로도 진정에

도움이 됩니다. 마음이 힘들 때 괜찮은 척 넘기지 말고,

몸이 보내 오는 신호에 집중해 보세요.

Week 36 화

"제가 할게요!"라고 말해야 하는 순간은?

앞뒤 꼼꼼히 따지며 계산하지 않고
"YES!"라고 해야 하는 순간이 있습니다.
최근에 내가 하고 있는 일 중에서 "제가 할게요."라고
말해야 하는 순간은 언제인가요?
그렇게 하면 나에게 어떤 기회가
찾아올까요?

Week 17 　월

누군가에게 여전히
털어놓기 어려운 한 가지는?

꽤 시간이 지난 일인데도 누군가에게 말을 꺼내기 어렵고
부담스러운 일이 있나요? 그렇다면 그 일은 내게 과거가 아닌,
현재 진행형일 수 있어요. 한 번쯤은 정리가 필요하다는
뜻일 수도 있고요. 그 일이 지금의 나에게
어떤 영향을 미치고 있는지 생각해 보세요.

Week 36 월

내가 요즘 모른 척하고 있는 것은?

마음과 시간을 할애해야 하는 일인 줄 알면서도 모른 척하고
싶을 때가 있습니다. 지금 내게 그런 일이 있나요?
차마 그 일을 하기로 마음먹지 못하는 이유는 무엇일까요?
만약 덜 준비되어 있어도 시작하게 된다면
어떤 기분일지도 생각해 보세요.

Week 17 화

정기적으로 무엇에 투자하고 있는 시간이 있다면?

투자에서 복리식 이자는 이익이 큽니다. 시간을 쓸 때 역시
정기적으로 어떤 일에 투자하면 복리식 결과를 가져올 수 있지요.
당장의 결과에 연연하지 않고 꾸준히 노력하고
있는 일이 있다면 무엇일까요?
길게 보았을 때 나는 무엇을 얻게 되리라 기대하나요?

누군가를 미워할 때의 내 모습은?

미움이라는 감정은 사랑을 동반합니다.
기대할수록 미움의 감정이 커지기도 하죠. 가까운 사람이
미워지는 순간에 내 모습은 어떻게 달라지나요?
그런 내 모습이 어떻게 느껴지나요?
조금 더 지혜로워진다면 어떻게
대처하고 싶은지 생각해 보세요.

오늘 내가 먹고 싶은 음식 메뉴는?

누군가 뭐 먹고 싶냐고 물을 때 너무 자주
"아무거나 괜찮아."라는 말을 하지는 않나요.
먹는다는 행위는 인간의 가장 기본적인 욕구 충족의 수단이에요.
가끔은 꼭 짚어 "이거 먹고 싶어."라고 나의 메뉴를 제안해 보세요.
지금 생각나는 게 있나요? 오늘은
꼭 그 음식을 먹어 보는 건 어때요?

관계에서 억지로 노력하고 있는 것이 있다면?

관계에서 노력은 필요합니다. 그러나 그것이 타의에 의한 것이거나, 노력의 과정에서 나의 자존감을 갉아먹게 만든다면 점검이 필요합니다. 나는 현재 어떤 관계에서 필요 이상의 노력을 하고 있나요? 그것을 지속하게 되는 이유는 무엇인가요?

최근 누군가에게 화가 난 이유는?

내가 누군가에게 화가 난다는 것은 기대가 있었다는 뜻이에요.
상대는 그것을 알지 못했거나, 그에 응하지 않은 것이고요.
나는 어떤 기대를 가지고 있었을까요? 어떻게 하면
상대에게 내가 원하는 것을 구체적으로 알려 줄 수 있을지
방법을 찾아보세요.

Week 35 (수)

마음에 오래도록 저장해 두고 싶은 명장면은?

진짜 부자는 좋은 추억이 많은 사람이라죠. 오늘 하루 나에게
일어난 일 중에서 오래도록 저장해 두고 싶은 기억이 무엇인지
떠올려 보세요. 어떤 일이었나요? 누구와 함께 있었나요?
느낌이 어땠나요? 나는 무슨 생각을 했나요?
영상처럼 생생하게 저장해 놓을수록 좋아요.

Week 17 (금)

내가 사랑을 표현하는 방식은?

사람마다 사랑을 전달하는 방법이 다릅니다.
선물을 안겨 주는 사람, 몸으로 전달하는 사람,
말로 드러내는 사람처럼요. 나는 가까운 사람들에게
어떻게 마음을 표현하나요? 나의 표현 방식을
다른 사람들은 어떻게 받아들일까요?
타인의 관점에서 생각해 보세요.

Week 35 화

하루에 한 시간이 더 주어진다면?

중요한 것을 하기에는 시간이 없다는 말을 합니다.
만약 나에게 매일 한 시간이 특별하게 더 주어진다면
무엇을 해 보고 싶나요? 만약 바로 떠오르는 것이 없다면,
어쩌면 시간의 문제가 아니라, 내게 중요한 우선순위가
정리되어 있지 않아서가 아닐까요?

가장 큰 성장을 이루었던 때는?

내 삶을 돌아보았을 때, 가장 큰 성장을 이루었던 때를
떠올려 보세요. 그것이 가능했던 이유는 무엇이었을까요?
그때의 나는 어떤 모습이었나요?
만약 또 한 번의 큰 성장을 원한다면,
나의 어떤 능력을 다시 발휘하면 좋을지 생각해 보세요.

Week 35 월

나를 부러워하는 사람이 있다면?

다른 이들의 SNS를 보다 보면 종종 부러운 마음이
일 때가 있지요. 이번에는 반대로 생각해 보면 어때요.
만약 누군가가 나를 부러워한다면, 나의 어떤 점 때문일까요?
어쩌면 당연하게 생각했거나 소홀하게 대했던
나의 긍정적인 속성들을
발견하게 될지도 모릅니다.

Week 18 화

가장 내 마음에 드는 역할은?

한 사람이 부모, 연인, 친구, 학생, 선생님처럼
다양한 역할을 감당하며 살아갑니다.
맡은 배역 중에서 내가 가장 좋아하는 역할은 무엇인가요?
그렇게 생각하는 이유가 궁금해요.
내가 원하는 자리에 있을 때의 나는 어떻게 느껴지나요?

Week 34 금

건강에 무관심했다는 것을 알게 되는 순간은?

건강을 챙기는 일이 늘 중요하다고 말하지만,
일상에서 우선순위로 관리하기란 쉽지 않습니다.
내가 그동안 건강에 너무 무심했다는 것을
깨닫게 되는 순간이 있다면 언제인가요?
만약 앞으로도 계속 모른 척 방치한다면,
몸에 어떤 영향을 미치게 될지 생각해 보세요.

Week 18 수

자꾸 남과 비교하게 되는 것은?

나다운 미래를 만들어 가는 길에는 불안과 두려움이 가득합니다.
그래서 주변을 기웃거리게 되죠. 내가 자꾸 남과 비교하게 되는
것은 무엇이 있나요? 습관적 비교는 우울을 불러옵니다.
옆이 아니라 앞을 바로 보기 위해서 필요한 태도에 대해
생각해 보세요.

일시 정지해야 할 순간은?

마음이 힘들게 꼬여 있을 때는 무엇을 더 하려 들지 말고
우선 멈추는 것이 현명할 때가 있어요.
지금 일시 정지 버튼을 눌러야 하는 일이 있다면 무엇인가요?
모든 것을 멈추고 잠시 '후~' 숨을 깊게 몰아쉬어 보세요.

Week 18 목

나를 지탱해 주는 것들은?

숲속 나무들 뿌리가 연결되어 서로 지탱해 주는 것처럼,
우리에게 보이지 않지만 서로에게 힘이 되어 주는 존재들이 있어요.
힘들 때마다 나를 지탱해 주는 대상은 무엇인가요?
그 대상을 떠올릴 때 어떤 마음이 드는지 생각해 보세요.

Week 34 (수)

결심해 놓고 매번 실패하는 결심이 있다면?

'이번에는 꼭 해 보자.'라고 해 놓고 흐지부지되는 일이 많습니다.
나에게 그런 것은 무엇인가요? 그것이 마음처럼
실행으로 옮겨지지 못하는 이유를 생각해 보세요.
그것이 내게 정말 중요한 것이라면 어떤 단호한 결정이 필요할까요?

Week 18 금

나만의 수면 의식이 있다면?

잠을 자는 동안 뇌는 낮에 있었던 일을 버리고, 정리합니다.
또 재충전하면서 몸에 새로운 하루의 에너지를 만들어 내죠.
요즘 몇 시에 잠들고, 몇 시에 일어났나요?
질 좋은 수면을 위해 내가 할 수 있는 일이 있다면 무엇인가요?

Week 34 화

타고난 자질 중에
만족스러운 것은?

기질은 타고난 특성이에요. 잘 바뀌지 않지요. 이처럼 내가
타고났다고 생각하는 것 중에서 마음에 드는 특성에 대해
생각해 보세요. 살아오면서 그것은 어떤 도움이 되었나요?
나 자신의 특성을 소중하게 여기는 마음을 가져 보기를 바라요.

Week 19 월

나는 어떤 환경에서 가장 빛이 납니까?

환경은 사람에게 생각보다 더 큰 영향력을 미칩니다.
나는 어떤 환경 속에서 더 나다워지고, 강해지고,
더 잘해 낼 수 있을까요? 그런 환경에 있었던 때가 있다면
떠올려 보세요. 앞으로 어떻게 그런 환경을
만들어 가고 싶은지도 생각해 보자고요.

나는 무엇으로부터 자유로워지고 싶나?

성장한다는 것은 나를 묶어 두었던 무엇으로부터
자유로워지는 것을 의미하기도 합니다. 지금까지 나의
일부분이었지만, 동시에 나의 한계이기도 했던 것이 있다면
무엇일까요? 그것으로부터 훨훨 날아 어디로 가고 싶은가요?

Week 19 화

더는 미루면 안 되는 것은 무엇인가요?

할 수 없었던 이유를 찾자면 많습니다.
시간이 없어서, 체력이 안 따라 줘서, 돈이 부족해서라며 말이에요.
그렇지만 이제 더는 미루면 안 되는 일이 있다면 무엇인가요?
그 일을 시작하게 되면 내가 비로소 경험하게 될 것이
무엇일지 생각해 보세요.

Week 33 (금)

오랜 관계를 유지하는
나만의 방법은?

관계를 시작하는 것도 쉽지 않지만, 오랫동안 유지하는 것 역시
어려운 일이죠. 시간이 흘러도 만남을 지속할 수 있는
나만의 방법이 있다면 무엇인가요? 앞으로도 좋은 관계를 위해
더 신경 쓰고 싶은 점은 무엇인지 생각해 보세요.

Week 19 (수)

오늘 하루, 나 스스로를 어떻게 존중했나?

나 자신과 주변 사람들에게 존중받았다는 느낌은
행복도에 영향을 줍니다.
스스로를 배려하고 존중해 주었던 기억을 떠올려 보세요.
자기 존중이란 내 안에 어떤 감정이나 생각,
욕구가 일어나더라도 부정하지 않고
'그래, 그렇구나. 그럴 수 있지.'라며
받아 주는 것에서 시작됩니다.

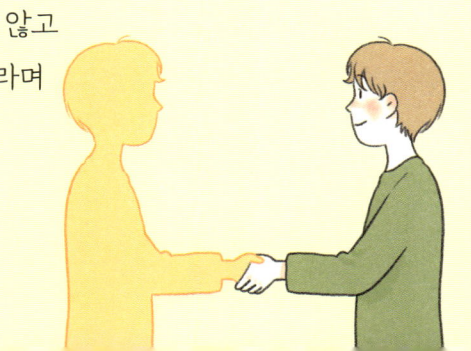

유독 나를 더 긴장시키는 사람은?

대화할 때 더 긴장되는 사람이 있습니다.
나이가 많은 남성과 대화할 때, 목소리가 큰 사람과 대화할 때처럼요.
나에게 그런 대상이 있다면 누구인가요?
유독 더 대화가 불편한 이유가 무엇인지 생각해 보세요.
그럴 때 어떤 생각을 떠올리면
마음이 편해지는 데 도움이 될까요?

사과하고 싶은 사람이 있다면?

미안하다는 말은 상한 관계를 변화시키는 해독제와 같습니다.
그걸 알면서도 아직 사과하지 못한 이유가 있다면 무엇인가요?
긴 설명보다 인정이 중요할 때가 있습니다.
지금 용기 내어 미안하다고 말하세요.
자기 행동에 책임지는 사람은
미안하다는 말을 아끼지 않습니다.

Week 33 (수)

오늘 내가 가장 반짝였던 순간은?

햇빛이 반사되어 반짝이는 바다는 참 아름답습니다.
그러나 그 빛은 이리저리 흩어지고 그 자리에 머무르지 않죠.
한순간 반짝이고 곧 사라져요. 우리에게는 그 찰나를 포착하고
누리는 능력이 필요합니다. 오늘 하루 내가 아름답게
반짝이던 순간을 포착해 보세요.

가까운 사람에게 질투심을 느꼈다면?

질투심은 나쁜 감정이 아닙니다. 연인에게도 친구에게도 얼마든지 느낄 수 있지요. 그 감정을 자연스럽게 받아들여야 서서히 사라집니다. 최근에 가까운 사람에게 질투심을 느꼈다면 그 이유는 무엇이었나요? 그것은 내가 무엇을 원한다는 신호일까요?

Week 33 화

유한한 삶이
내게 주는 의미는?

이 세상에 가장 확실한 한 가지가 있다면 누구나
죽는다는 겁니다. 그것이 인간에게 실존적 불안을 안겨 주지만,
동시에 한정된 시간이 주는 가치를 가르쳐 줍니다.
유한한 삶이 나에게 주는 의미는 무엇일까요?
이를 위해 나는 오늘 무엇을 할 수 있을까요?

Week 20 월

내게 도움이 되는 피드백을 해 줄 수 있는 사람은?

성장에는 피드백이 필요합니다. 무엇을 잘하고 있는지,
더 잘하기 위해서는 무엇이 필요한지와 같은 점검이 필요하니까요.
나에게 진솔한 피드백을 해 줄 수 있는 사람은 누구인가요?
그런 사람이 없다면 내가 잘해 나가고 있는지 어떻게 알 수 있을까요?

Week 33 월

나는 여행할 때
어떤 스타일인가?

여행할 때 나는 어떤 스타일인지 생각해 보세요.

일상에서와 비슷할 수도 혹은 전혀 다른 모습일 수도 있습니다.

그 모습은 나의 어떤 특성을 설명해 주고 있나요?

삶 역시 하나의 여행이라는 관점에서 본다면,

앞으로 어떻게 내 방식대로 살아가고 싶은가요?

Week 20 화

부족한 대로 마무리해야 할 일은?

때론 완벽주의자보다 만족자가 돼야 해요.
한 치의 오차도 없는 행복, 최고나 최상을 찾기보다는
충분히 좋은 것을 받아들이면서 더 좋은 대안이
있을 것이라는 불안에서 벗어나야 한다는 뜻이죠.
조금 부족한 이대로 마무리하고
다음 단계로 넘어가야 할 일이 있나요?

마지막으로 춤을 춰 본 적은?

살아 있는 사람은 춤출 수 있어야 해요. 어떤 음악에든 몸을 움직이며 흔들 수 있어야 하죠. 잘 추지 못해도 괜찮아요. 굳이 남들 앞에서 춤출 필요도 없죠. 혼자 있는 공간에서, 내가 좋아하는 음악을 틀어 놓고, 신나게 "춤!"을 춰 보는 건 어때요?

내가 이 세상을 위해 할 수 있는 것은?

우리는 태어났기에 살아갑니다. 그러나 내가 태어나서
이 세상에 무엇인가 도움이 된다면 더없이 좋은 삶 아닐까요?
내가 타인을 위해, 지구를 위해, 이어질 후대를 위해 당장 할 수
있는 것은 무엇이 있을까요? 분리수거를 꼼꼼히 하기처럼
일상에서 할 수 있는 작은 것부터 생각해 보세요.

Week 32 (목)

나에게 조금 더 관대해진다면?

어쩌면 우리는 타인에게는 친절하고 배려심 깊으면서도
나 자신에게 가장 차갑고 까칠한지도 모르겠어요.
나에게 조금 더 너그러운 태도를 보이면 어떨까요?
약간의 관대함을 베푼다면 나에게 무엇을
해 줄 수 있을지 생각해 보세요.

Week 20 목

내가 담담하게 받아들여야만 하는 것은?

세상에는 노력해도 되지 않는 것, 혹은 내가 할 수 없는 것들이 있기 마련입니다. 그것을 대하는 가장 현명한 방법은 받아들이는 것이죠. 지금 내가 무리하게 애쓰는 일이 있다면 무엇일까요? 힘들더라도 그것을 받아들이기로 마음먹는다면 어떻게 달라질지 생각해 보세요.

Week 32 (수)

잃어버린 후에 소중함을 깨달은 것은?

사랑, 건강과 같이 진짜 소중한 것들은, 그것을 잃고 난 후에 그 가치를 깨닫는 경우가 많습니다. 최근에 나에게 그런 것이 있다면 무엇인가요? 그것이 내게 가르쳐 준 것은 무엇인가요? 후회를 반복하지 않으려면 지금부터 무엇을 챙겨야 할까요?

Week 20 금

내가 바라는 이상적인 몸 상태란?

사람들이 좋아하는 몸의 기준 같은 것 말고,
건강하고 편안한 몸에 대해
생각해 본 적이 있나요?
평생을 나와 함께 살아갈 존재를
소중하게 여기는 태도를 갖춰 보는 거예요.
구체적으로 어떤 몸 상태를 바라는지
이야기해 보세요.

Week 32 화

열심히 했던 일에 슬럼프가 왔을 때는?

꽤 잘해 왔던 일에 슬럼프가 올 때가 있습니다.
무기력해지고, 의미가 없게 느껴지고, 몸이 무거워져 움직일 수가
없게 되죠. 그럴 때 나는 어떻게 그곳으로부터
빠져나올 수 있었나요?
나에게 효과적이었던 방법에 관해
생각해 보세요.

Week 21 월

내 이름의 의미는 무엇인가?

사람마다 고유의 이름이 있습니다. 그 이름에 자신만의 의미도
부여하고 있죠. 나의 이름에는 어떤 뜻이 있나요?
그리고 현재 그 이름과 닮은 삶을 살아가고 있나요?
혹은 앞으로 다르게 살고 싶다면, 그 이유는 무엇인지 들려주세요.

Week 32 월

앞으로 더 잘해 내고 싶은 것은?

더 배우고 연습해서 지금보다
썩 잘해 내고 싶은 것이 있다면 무엇인가요?
꼭 남들에게 보여 주거나 인정받을 수 있는 일이 아니어도 좋아요.
스스로 뿌듯함과 만족감을 느낄 수 있도록
스스로 욕심을 내 보자고요!

Week 21 화

나는 최근에 무엇을 거절했나?

진짜 'YES'를 하려면, 수많은 'NO'를 할 수 있어야 하지요.
누구에게나 거절이 어렵지만, 상대의 요청을 거절할 수
있다는 것은 나의 우선순위가 명확하다는 의미입니다.
최근 상대의 부탁을 거절한 적이 있나요?
반대로 거절하지 못해 후회하고 있는 일은
무엇인지 생각해 보세요.

사랑할 때 내가 하는 가장 흔한 실수는?

사랑할 때 내가 자주 하는 실수나 후회가 있다면 무엇인가요?

그것을 되풀이하는 이유를 생각해 보세요.

혹은 까닭을 알면서도 바꾸지 못하는 이유가 있다면 무엇일까요?

이제라도 다른 방식의 사랑을 선택하려면, 구체적으로

어떤 행동을 멈추는 것에서부터 시작해야 할지 찾아보세요.

최근에 했던
가장 현명한 소비는?

액수와 상관없이 똑똑한 소비를 하면 일상의 만족도가 높아집니다.
내가 최근에 했던 소비 중에서 가장 잘했다고 생각되는 것은
무엇이었나요? 나는 그것을 통해 무엇을 누리고 싶었던 것일까요?
내가 돈을 지불해서 얻고 싶은 것이 무엇인지 생각해 보세요.

Week 31 목

큰 고민 없이 도움을 요청할 수 있는 사람은?

인간은 살아가면서 도움과 협력을 주고받아야 하는 존재입니다.
그러나 요청이나 호의가 항상 받아들여지는 것은 아니기에,
거절에 대한 두려움이 생길 수밖에 없지요.
나는 도움이 필요한 순간에 다른 사람에게 기꺼이 부탁할 수 있나요?
그 사람은 누구인가요?
그것이 관계에서 어떤 특징을 보여 주는지
생각해 보세요.

Week 21 목

나의 경쟁자는?

경쟁은 과하지만 않으면 좋은 자극이 되고,
내가 무엇을 원하는지 명확하게 알게 해 주죠.
나에게 라이벌이 있다면 누구인가요?
우리의 공통점은 무엇인가요? 상대적으로 나만이 가진
고유한 매력과 탁월함은 무엇인지 생각해 보세요.

최근에 내가 찍은 사진 중에 가장 마음에 드는 한 장은?

우리는 일상에서 많은 사진을 찍습니다. 다른 사람이 볼 것을
의식해서 사진을 찍고 보정하기도 하죠. 오늘 하루만큼은
타인이 아닌, 오로지 나 자신을 위한 사진을 남겨 보면 어떨까요?
어느 순간 문득 꺼내 보았을 때 나를 웃음 짓게 하는
소중한 순간들을 사진첩으로 만들어 보세요.

Week 21 (금)

나는 어떤 친구인가?

가까운 친구들에게 나는 어떤 친구인가요?
누군가 만약 당신에 관해 인터뷰를 한다면
친구들이 뭐라고 말할지 생각해 보세요.
그들에게 나는 진정한 친구인가요?
친구들은 나의 어떤 태도와 행동을 통해서
그 진심을 알 수 있을까요?

Week 31 화

어떤 사람으로 기억되고 싶나?

내 삶의 마지막 장면을 상상해 볼 때가 있죠.
사랑하는 가족과 친구들이 장례식에 찾아오고,
나의 죽음을 슬퍼하며 애도합니다.
이들에게 나는 어떤 사람으로 기억되고 싶나요?
한 문장으로 만들어 보세요. 이를 위해 내가
지속해야 할 행동이 있다면 무엇일까요?

나를 불편하게 하는 것은?

나를 불편하게 만드는 지점에 성장점이 있어요. 불평하는 데서
끝나지 않고, 그것을 새로운 기회로 만들 수 있으니까요.
지금 나를 불편하게 만드는 것은 무엇인가요?
그것을 뛰어넘기 위해서 무엇을 시작해 보면 좋을까요?

내가 열등감(우월감)을 느끼는 순간은?

인간은 누구나 열등감을 가지고 있습니다. 그것은 우월감의 또 다른 얼굴이지요. 열등감을 극복하는 과정에서 우월감을 추구하게 되니까요. 나는 어떤 상황에서 열등감을 느끼는지 생각해 보세요. 그것은 내게 어떤 자극과 도전을 주었나요?

Week 22 화

나는 요즘
무엇에 진심인가?

내가 진심을 다해 잘해 내고 싶은 일이 무엇인지
생각해 보세요. 시간이 얼마나 걸리든지,
어떤 어려움이 있든지 스스로 만족할 수준까지
끌어올리고 싶은 단 하나의 일에 대해 들려주세요.
그것을 결국 해낸다는 것은 나에게 어떤 의미가 있나요?

Week 30 금

오감이 살아나는 순간은?

우리는 감각을 통해 세상과 소통합니다. 미각, 시각, 후각, 촉각, 청각.
오감이 살아나는 순간에 대해 생각해 보세요.
나는 어떤 감각에 예민한 편인가요? 어떤 자극과 마주할 때
자신의 몸과 더 생생하게 연결된다고 느끼나요?
그 감각을 활용하여 나를 기분 좋게 할 수 있는
방법을 찾아보세요!

현재 나는 무엇에 바쁜가?

바쁘다는 것은 열심히 산다는 느낌을 줍니다.
그러나 때론 잠시 멈춰서 무엇에 바쁜가를 성찰할 필요가 있어요.
혹여 부지런히 원하지 않는 곳을 향해 가고 있지는 않은지
확인하는 차원에서요. 나는 오즘 무엇에 바쁜가요?
그것이 내가 가고자 하는 방향인가요?

Week 30 (목)

나의 과거가 미래에 조언을 해 준다면?

나의 미래가 어떨지는 아무도 몰라요. 미래를 알 수 있는
누군가가 있다면 그건 나의 과거가 아닐까요?
내가 이곳까지 오는 동안 무엇을 어떻게 해 왔는지
가장 잘 알고 있으니까요. 만약 나의 과거가 나의 미래에
해 줄 수 있는 조언이 있다면 무엇일까요?

Week 22 (목)

힘들 때 찾아가면
위안이 되는 장소는?

힘들 때 좋은 기운을 받는 장소에 머물면 도움이 되죠.
나에게 그런 장소가 있나요? 긴장이 스르르 풀리고,
머무르기만 해도 편안해지는 그런 곳 말이에요.
훌쩍 떠나고 싶은 곳이 떠오른다면 오래 생각하지 말고,
당장 가 보는 것은 어떨까요?

'해 볼 걸 그랬다….' 하고 후회되는 것은?

사람이 죽을 때 하는 후회 중에서 꼭 빠지지 않는 것이, '그때 그냥 해 볼 걸 그랬다.'라며 도전해 보지 못한 것을 떠올리는 거라죠. 내가 해 보지 않아서 후회되는 일이 있다면 무엇인가요? 만약 지금이라도 그것을 시도해 볼 수 있다면 어떨 것 같은지 생각해 보세요.

Week 22 (금)

지금 나는 어떻게 숨을 쉬고 있나?

우리는 때때로 숨을 멈추거나 얕게 쉬고 있어요.
충분히 길게 쉬는 것이 중요하거든요. 잠깐 멈춰서 내 호흡을
관찰해 보세요. 들이쉬고 내쉬기를 길게 하며 충분히
호흡을 늘려 보세요. 가슴으로 가쁘게 쉬는
얕은 호흡보다는 흉식이나 복식으로 천천히
들이쉬고 내쉬는 심호흡이 좋습니다.

Week 30 화

나의 재능을 마켓에서 거래한다면?

재능 마켓이 있다고 상상해 볼게요. 그곳에서 나의 재능을 거래할 수 있다면, 사람들이 가장 사고 싶어 할 능력은 무엇일까요? 그렇게 생각하는 이유는요? 또 원한다면 어떤 다른 재능을 구매하고 싶은지도 생각해 보세요.

내 옷장에는 어떤 옷들이 있나?

사람들은 옷으로 자신을 표현하곤 해요.
패션 스타일은 내가 어떤 사람으로 보이고 싶은지,
또 어떤 이미지를 추구하는 사람인지를 알려 줍니다.
나는 어떤 옷들을 주로 선택하나요?
그 스타일을 선호하는 이유는
무엇인가요? 옷장을 열어서
직접 확인해 보기를 추천합니다.

성장이 멈추었다고 느낄 때는?

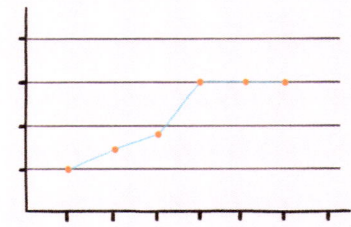

스스로 정체되었다고 느껴질 때가 있지요.
괜히 마음이 조급해지면서 불안하고 우울해지기도 하고요.
그럴 때 자신을 다그치기보다는 또 하나의 과정을 거치는
중이라고 생각해 보세요. 썰물이 지나면 반드시
밀물이 차오를 때가 옵니다.

오늘 나를 움직이게 하는 것은?

동기는 한 사람을 이해하는 데 중요한 열쇠입니다.
요즘 나를 움직이게 하는 것은 무엇인가요?
힘들고 지쳐 있을 때도 '다시 잘해 보자.' 마음먹게 하는,
힘을 주는 대상은 무엇인가요? 일상에서도 그 대상을
떠올릴 수 있는 아이디어에는 어떤 것이 있을까요?

Week 29 금

사랑에 빠졌을 때 내 모습은?

사랑에 빠졌을 때 나도 몰랐던 내 모습들을 발견하게 됩니다.
또 다른 자아가 얼굴을 내미는 거죠.
누군가를 깊이 사랑할 때 나는 어떻게 달라지나요?
더 성숙해지거나, 오히려 어린아이 같아지는
내 변화된 모습을 볼 때 스스로
어떻게 느끼는지 생각해 보세요.

Week 23 수

오늘 있었던 일 중에 털어 버려야 하는 일은?

보이지 않지만 마음에도 먼지가 많이 달라붙습니다.
하기 싫었던 일, 듣기 싫었던 말, 떠올리고 싶지 않은 실수와
후회처럼 나를 힘들게 했던 미세 먼지들을 털어 낼 수 있어야 해요.
오늘 하루가 다 지나기 전에 어떤 일을 툭툭 털어 내고 싶은가요?

Week 29 (목)

사람들과 겪는 갈등의 특징은?

관계에서 갈등은 피할 수 없죠. 예외인 사람은 아무도 없습니다.
내가 주로 사람들과 갈등을 겪게 되는 이유는
무엇이라고 생각하나요? 나의 어떤 특성이 주변 사람들을
힘들게 할 수 있는지 알고 있으면 도움이 됩니다.
알아차려야 다른 선택도 할 수 있으니까요.

Week 23 목

특별한 이유 없이 싫은 사람이 있다면?

나에게 피해를 준 것도 아닌데, 특별한 이유 없이 싫은 사람이 있을 수 있어요. 그것은 내가 갖지 못한 무엇을 가지고 있거나, 어쩌면 내가 싫어하는 나의 모습과 그 사람이 닮아 있어서 일지도 몰라요. 나에게도 그런 사람이 있었는지 곰곰이 생각해 보세요.

Week 29 (수)

한 번에 하나씩 정성을 들이는 일이 있다면?

뇌는 멀티태스킹이 안 됩니다. 여러 일을 동시에 한다는 건
사실 주의를 빠르게 전환하며 하나의 일을 번갈아 처리하는
방식일 뿐이거든요. 한 번에 하나의 일에 주의를 기울여야
집중력도 높아지고 마음을 고요하게 할 수 있습니다.
오늘 하루, 주의를 기울여
정성을 쏟을 만한 일은 무엇인가요?

나를 가장 잘 이해하는 사람은?

말로 다 설명하지 못해도 내 마음을 알아주는 사람이 있다는 것,
만약 오해를 했더라도 나를 이해하기 위해
노력하는 사람이 있다는 것은 참 감사한 일이에요.
나에게 그런 사람이 있다면 누구인가요?
그 사람은 내게 어떤 존재인지 생각해 보세요.

Week 29 화

최근에 가장
돈을 많이 쓰는 항목은?

사람들은 마음이 가는 곳에 돈을 씁니다.
그래서 카드 사용 내역을 살펴보면 나도 모르고 있던,
내 삶의 관심사와 우선순위를 알게 되죠.
요즘 나는 어디에 돈을 많이 쓰는 편인가요?
내가 현재 무엇을 중요하게 여기고 있는지 알 수 있을 거예요.

나를 단단하게 만들어 주는 일상 루틴은?

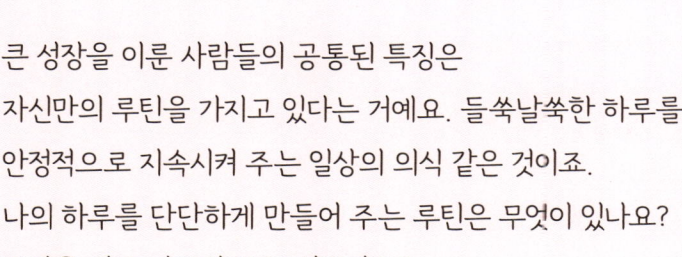

큰 성장을 이룬 사람들의 공통된 특징은
자신만의 루틴을 가지고 있다는 거예요. 들쑥날쑥한 하루를
안정적으로 지속시켜 주는 일상의 의식 같은 것이죠.
나의 하루를 단단하게 만들어 주는 루틴은 무엇이 있나요?
무엇을 새로 시도해 보고 싶은가요?

Week 29 월

나에 대해 가장 궁금한 것은?

다른 사람에게 그러하듯, 나를 이해하고 사랑하는 데도
관심과 호기심이 필요하죠. '나'에 대해 가장 궁금한 것은
무엇인가요? 그것을 더 알아 가기 위해서
어떤 관찰과 노력이 필요한지 생각해 보세요.
지금 미래의 '나'에 대해 알 수 있다면
무엇을 알고 싶은가요?

Week 24 화

가장 먼저 시작해야 하는 일은?

일이 복잡하게 꼬여 있는 듯하지만 하나를 시작하면
나머지가 해결되는 경우가 있지요. 해야 하는 많은 일 중에서
단 하나의 일을 골라서 해 본다고 생각해 보세요.
그래서 다른 모든 것을 쉽게 만들어 버리는
일이 있다면 무엇일까요?

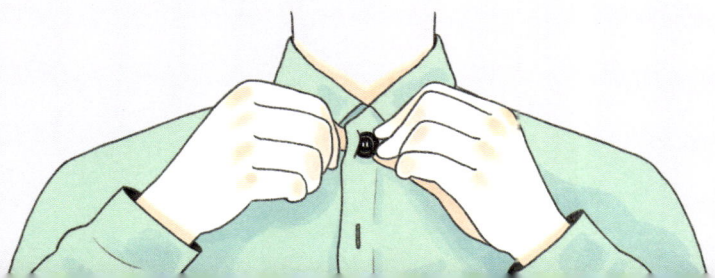

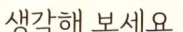

나에게 다이어트란?

많은 사람들이 다이어트를 합니다.
그러나 목적과 이유, 목표와 방법은 저마다 달라요.
내게 체중이 늘거나 준다는 것은 어떤 의미인가요?
내가 생각하는 적정 체중은 얼마인가요?
나를 혹사하거나 미워하지 않는 건강한 다이어트 방법에 대해서
생각해 보세요.

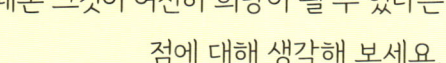

내가 만약 미래를 볼 수 있다면?

만약 내게 미래를 볼 수 있는 능력이 있다면,
무엇을 미리 알고 싶나요? 미래를 알게 되면 어떨 것 같은가요?
결과를 알 수 없다는 것이 우리를 불안하게 하지만,
때론 그것이 여전히 희망이 될 수 있다는
점에 대해 생각해 보세요.

Week 28 목

지금 이 순간은 희극일까, 비극일까?

지금 내가 겪는 이 상황은 희극일까요? 비극일까요?
지금 당장은 무엇이 될지 알 수 없어요. 행운인 것 같았지만
결국 슬픈 일이 되기도 하고, 운이 없다고 생각했지만,
생각지도 못한 새로운 기회로 이어지기도 하니까요.

Week 24 목

이 고비를 넘긴 후의 내가 얻게 되는 것은?

힘들 때는 자꾸만 고개가 떨구어져서 당장 발아래 것들만
보게 되어 있어요. 그러나 가끔은 시선을 들어 먼 곳을 바라보세요.
힘겨운 오늘과 내일, 그렇게 하루하루를 넘기게 되면 결국
무엇을 얻게 될지 생각해 보세요.
그것이 내게 터널 밖의 등불이 되어 줄지 모릅니다.

Week 28 (수)

올해 세운 목표는?

올해 내가 세운 목표들을 떠올려 보세요.
그중 여전히 유효한 목표는 무엇인가요?
지켜지지 않는 목표는요?
바꾸거나 수정할 목표가 있다면 무엇인가요?
내가 세운 목표가 내 삶에 대해
무엇을 보여 주는지 생각해 보세요.

몸이 말을 할 수 있다면,
나에게 뭐라고 말할까?

몸은 말을 할 수 없지만 변화와 통증으로 감각 신호를 보내옵니다.
물론 사람들은 그 소리를 잘 듣지 못합니다.
만약 몸이 말을 할 수 있다면,
내게 뭐라고 말할지 상상해 보세요.
그 소리를 들을 때 어떤 마음일지 느껴 보세요.

Week 28 화

"그래서 뭐 어쩌라고!"라고 말해야 하는 순간은?

생각이라는 기계는 멈출 줄 모릅니다. 머릿속으로 수많은 시나리오를 쓰게 하고, 그 안에서 길을 잃게 만들죠. 때로는 "그래서 뭐 어쩌라고!" "어떻게든 되겠지!" 식으로 생각을 멈춰야 하는 순간도 있어요. 나에게 그런 때는 언제인가요?

Week 25 월

나는 스트레스를 받으면 어떻게 달라지나?

스트레스를 받으면 누구나 평소와는 다른 모습을 보입니다. 그것 역시도 나의 일면이죠. 나는 압박받는 상황에 놓일 때 어떻게 달라지나요? 주변 사람들은 그 모습에 대해 어떻게 반응하나요? 그것이 나에 대해서 알려 주는 정보가 있다면 무엇일지 생각해 보세요.

Week 28 월

새롭게 시작하고 싶은 공부는?

만약 공부에도 때가 있다면, 더 늦기 전 '지금'이 그때가 아닐까요?
누가 시켜서가 아니라 기꺼운 호기심으로 시작해 보고 싶은
공부가 있는지 생각해 보세요. 나는 언제부터, 어떤 이유로
그것에 끌렸나요? 그 공부는 삶에 어떤 자극과 활력이 되어 줄까요?

Week 25 화

얼마나 벌어야 부자일까?

돈이란 삶을 유지하고 다양한 선택을
가능하게 하는 수단입니다. 다른 가치와
균형을 맞추려면 더욱 자신만의 기준이 필요하죠.
나는 돈을 얼마나 벌고 싶은가요?
얼마나 벌어야 마음이 여유로울까요? 만약 그만큼을
가지게 된다면 내 삶은 어떻게 달라질 것 같은지 생각해 보세요.

Week 27 (금)

진정한 친구 몇 명이면 괜찮은 삶일까?

넓은 인맥을 자랑하는 사람들도 있지만, 나이가 들수록
친구 수보다 중요한 것은 관계의 질이라는 것을 깨닫습니다.
내 인생에 진정한 친구 몇 명 정도면 괜찮은 걸까요?
나는 그 관계에 충실하기 위해 무엇을 더 하고 싶습니까?

'아름답다.' '감동적이다.'라고 느낀 순간은?

경외감이란 압도적인 자연이나 예술 작품을 만났을 때의 느낌,
경이로움은 놀랍고 신기한 느낌, 감동스러움은 어떤 긍정적
경험으로 마음이 크게 움직일 때의 느낌을 말하죠.
어른이 될수록 이러한 감정에 무뎌지기 쉽습니다. 이 아름다운
순간을 자주 일상에서 포착하고 누릴 수 있기를 바랍니다.

Week 27 목

받기만 하고 내게
베풀지 않는 사람은?

관계는 균형이 중요해요.

베푼 만큼 나도 받고, 기쁨을 함께 누리는 사이가 오래 갑니다.

혹시 도움을 받기만 하고 내게는 조금도 베풀지 않거나,

작은 배려도 아까워한다는 느낌을 주는 사람이 있나요?

그 관계는 기울어져 있다는 뜻이니까

주의를 기울이는 것이 좋겠어요.

Week 25 목

고마움을
표현하고 싶은 사람은?

일상에서 고마움을 자주 표현하면 좋겠습니다.
관계에 마지막이 온다면 사랑한다고,
고맙다고 더 말해 주지 못한 것을 후회하게 될 티니까요.
고마움을 표현하고 싶은 사람은 누구인가요? 이번 기회에
조금 더 확실하게 전달한다면, 어떤 말을 하고 싶나요?

요즘 나의 놀이는?

사람은 놀이를 통해서 성장하고, 나다워집니다.
아쉽게도 어른이 될수록 노는 법을 잊어버리는 것 같아요.
나는 요즘 어떤 놀이를 하고 있나요? 해 보고 싶은
놀이가 있다면 무엇인가요? 어떻게 해야 하루 일과 중에서
조금 더 노는 시간을 확보할 수 있을까요?

Week 25 금

거리감이 필요한 관계가 있다면?

지나치게 가까워서 분리가 안 되는 관계를 '융합'이라고 해요.
너와 나의 경계가 명확하지 못하면 서로의 불필요한 감정을
떠맡고, 책임지지 못했다는 죄책감을 느낄 수 있어요.
이런 관계에서는 서로 성장하지 못합니다. 건강한 독립을 위해
약간의 거리를 두어야 할 관계가 있나요? 그러기 위해
무엇을 할 수 있을지 생각해 보세요.

Week 27 화

급하지는 않지만, 내게 중요한 일은?

삶에서 충만감을 느끼는 사람은 자신에게
중요한 가치들이 무엇인지 알고, 따로 시간을 마련합니다.
실행을 위해 자신의 시간표에 반영해 두죠.
당장 급하지 않지만 내게는 중요한 일이 있다면
무엇일까요? 그것을 위해서 당장
무엇을 계획할 수 있을까요?

Week 26 월

내가 할 수 있는
가장 엉뚱한 일은?

인생의 특별한 이야기는 엉뚱한 길에서 발견되곤 합니다.
나답지 않은 일, 익숙하지 않은 곳에서 이전과는 다른 차원의
성장이 일어날 수 있으니까요. 내가 할 수 있는 엉뚱한 일이
있다면 무엇일까요? 자유롭게 상상해 보세요!

Week 27 월

"너답지 않게 왜 이래!"라는 말을 들었던 적은?

타인이 바라보는 내 모습도 자아상에 영향을 미쳐요.
주변 사람들은 나를 어떤 사람이라고 말하나요?
"너답지 않다."라는 말을 들었던 순간이 있다면 떠올려 보세요.
그것이 나답지 않다는 것에 동의하나요?
그 특징은 나의 어떤 면을 설명해 주는지 생각해 보세요.

Week 26 화

"생각보다 별일 아니야."라고 말할 수 있는 일은?

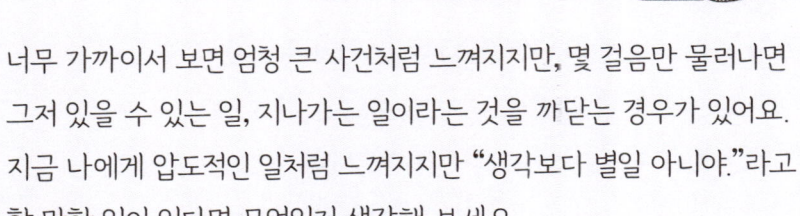

너무 가까이서 보면 엄청 큰 사건처럼 느껴지지만, 몇 걸음만 물러나면 그저 있을 수 있는 일, 지나가는 일이라는 것을 까닫는 경우가 있어요. 지금 나에게 압도적인 일처럼 느껴지지만 "생각보다 별일 아니야."라고 할 만한 일이 있다면 무엇일지 생각해 보세요.

Week 26 금

건강에 도움이 되는
작은 습관들이 있다면?

우리 뇌는 습관을 만들어 효율적으로 일하려 해요.
내가 가진 습관 중에서 건강에 도움이 되는 것이 있다면
무엇인가요? 대단한 방법은 아니지만 꾸준히 지속할 수 있고,
몸과 마음의 건강에 도움이 되는 방법을 생각해 보세요.

내가 한 가지 주제로
글을 쓴다면?

누구에게나 이야기가 있어요.
그것을 쓰는 사람과 아직 쓰지 않은 사람이 있을 뿐이죠.
당신이 독자들에게 무엇인가를 말하고 싶다면
그 주제는 무엇이 될까요?
그것에 대해 기록하고 싶은 이유를 생각해 보세요.

내가 숨기고 있는 감정은?

감정을 숨기면 마음에 병이 생깁니다.
내가 오랫동안 감추고 있던 감정이 무엇인지 살펴보세요.
화라고 생각했지만 사실 그 감정이 슬픔이나 두려움일 수도 있어요.
진짜 내 감정을 알아주고 표현해 보세요.
감정은 정체되지 않아야 고여 썩지 않아요.